Philippe Donati

Ces héros méconnus au service de Napoléon

Le corps des ingénieurs géographes sous le consulat et l'Empire

Remerciements

Au terme de cette écriture, je tiens à remercier, ceux, qui de près ou de loin ont eu un rôle à jouer dans cette aventure.

En premier lieu, ceux qui sont à l'origine du projet, Philippe Séguy et David Le Guyader, qui m'ont décidé à franchir le pas de l'écriture et m'ont prodigué les premiers conseils.

Viennent ensuite le professeur Jean Tulard, grand spécialiste de l'Empire et le professeur Jean Robert Pitte, président de la société de géographie pour leurs encouragements et leurs conseils avisés.

Également mon ami Jérome Croyet, docteur en histoire et régisseur des collections du musée de l'Emperi à Salon de Provence pour ses conseils et sa relecture patiente et minutieuse de l'ouvrage.

Merci au docteur Marc Morillon pour son amitié et la réalisation des planches uniformologiques de l'ouvrage.

Merci à tous les reconstitueurs, français et étrangers, des différentes périodes, avec lesquels les échanges sont toujours enrichissants et les collaborations nombreuses. Ils sont trop nombreux pour être tous cités ici sans en oublier quelques-uns, qu'ils soient tous remerciés.

Merci enfin à mon association, les Soldats d'Antan, à ceux qui me suivent dans nos aventures historiques depuis 30 ans pour certains: Gross Joël, Grosdemanche Gaël, Gimenez René et Sylvain, Poujol Jean-Pierre, Durando André et Solange, Ducos Jean François et Maillat Sandra, Guerlava Maeva, Bertrand Sandrine et mes parents Donati René et Michelle.

Cet ouvrage est dédié à ma « muse », Sylvie Gagliano qui a eu une part active dans la rédaction de ce livre par son soutien sans faille et son aide inspirante….

Sommaire

En guise d'introduction

Il y a plus de 10 ans, je proposais à un ami reconstitueur de m'accompagner sur le projet d'une tenue Empire. « Tu ne me feras jamais porter d'habit blanc » m'avait-il répondu ! Quelques mois plus tard, il arborait une magnifique tenue de fantassin impérial, tout blanc avec son habit veste bleu !

Quant à moi j'ai souvent balayé d'un revers de la main toute idée d'ouvrage sur les sujets que j'étudiais, les goumiers marocains de la Seconde Guerre Mondiale ou les ingénieurs géographes impériaux.

Ce livre est né d'une rencontre, lors de vacances avec mon épouse, en Normandie, quand un ami écrivain me convainquit de tenter l'aventure : « écrivez, vous dis-je » et me voilà !

Cette volteface quant à ma capacité à écrire, je la dois également au lieutenant La Plume, ingénieur géographe de 2e classe, personnage créé pour la reconstitution, il y a plus de 10 ans.

Président d'une association de reconstitution historique, les Soldats d'Antan, avec plus de 25 ans d'expérience dans ce domaine, je décidais en 2012 de créer une branche « Empire » dans l'inventaire fourni de nos tenues. Je me retrouvais bien vite chef d'une petite troupe hétéroclite, loin des standards des groupes de reconstitution traditionnels ! Ce petit groupe était composé de deux ingénieurs géographe, d'un capitaine du génie, et de soldats d'escorte, sans oublier les indispensables cantinières et vivandières, épouses dévouées, suivant leurs hommes dans leurs loisirs et leurs pérégrinations. Notre ingénieur, parcourant, inlassablement, les chemins de l'Empire, pour la plus grande gloire d'un Empereur qu'il ne voit jamais que de loin en loin. Pas de grandes batailles pour notre ingénieur qui est souvent cantonné aux théâtres d'opérations lointains, faisant des relevés de positions, cartographiant les places fortes, œuvrant dans l'ombre comme ses prédécesseurs avant lui !

Certes, pas de gloire sur le champ de bataille, ou très occasionnellement, quand la fortune le pousse à rejoindre l'armée.

Avec son officier du génie et le deuxième ingénieur du groupe, ils forment un trio de spécialistes que les grognards de l'empereur peinent parfois à comprendre !

Son escorte est plus que déroutante ! Les soldats de la ligne dévolus à sa protection forment un groupe hétéroclite composé d'un armurier réfractaire plus habitué aux sales de police qu'aux premières lignes et de quelques grenadiers et voltigeurs de divers régiments, quand leur chef consent à les prêter !

Que résonne le brutal[1], voilà notre escorte qui court en ligne, laissant l'ingénieur à l'arrière, loin des balles ! Pourtant, ces vrais bougres, le

---

1   Le canon dans l'argot de la grande armée

protègent fraternellement des Russes et des Autrichiens, ils dressent sa tente, portent son matériel et jamais ne rechignent ! Que celui-ci veuille jouer de la clarinette à cinq pieds[2]? Ils l'accueillent dans leur rang, l'entourent ; encombrant bagage qu'ils protègent des cosaques et des guérilleros espagnols !

C'est que l'Empereur y tient ! Il apprécie ce grand gaillard qui a l'air toujours perdu dans ses cartes, myope derrière ses lunettes ! Il l'appelle affectueusement son « petit » ingénieur, avec cet accent belge qui ne le quitte jamais[3] !

Gare à l'œil du général Boinod[4] qui le prend occasionnellement comme aide de camp quand notre ingénieur est à l'armée. L'inspecteur en chef aux revues voit tout et compte sur la rigueur scientifique du géographe pour des rapports toujours plus exacts !

Le reste du temps, l'ingénieur est au ordres du grand quartier général impérial, auprès du maréchal Berthier[5]. Il y rédige des rapports de

---

2   Le fusil dans l'argot de la grande armée
3   Jean Gérald Larcin, dit « la doublure », est dans le milieu de la reconstitution, l'un des « sosies » officiel de l'empereur Napoléon Ier qu'il incarne avec brio ! Sujet Belge il possède un accent incomparable ! Mark Schneider (américain) et Roberto Colla (Italien) sont les autres sosies internationaux, mais il y en a d'autres, qu'ils soient tous remerciés
4   Incarné par Marc Claus qui incarne campe le maréchal Davout
5   Incarné avec brio par David Paget, sujet britannique.

bataille, prépare des plans et fait ses relevés sur le terrain.

Pendant ces dix années de reconstitution historique[6], les informations accumulées m'ont poussées à comprendre qui étaient ces hommes, méconnus, obscurs, travaillant dans l'ombre du Maitre, sans relâche loin du soleil de la gloire mais souvent très près de l'Aigle !
Aujourd'hui encore, dans le domaine de l'histoire vivante, la présence d'un ingénieur géographe dans un camp, ou pire, au sein d'une bataille, semble incongrue à la majorité de ceux qui reconstituent les armées impériales. Son uniforme déjà pose question. Celui-ci est moins connu que celui du grenadier de la Garde ou du fantassin de ligne. « C'est quoi cette couleur orange portée au col et aux parements ? Et vous, vous représentez quoi» ? Voilà les questions qui reviennent souvent dans la bouche des visiteurs mais aussi dans celles des collègues de reconstitution. « Ils faisaient des cartes sur le champ de bataille ? » Position incongrue de notre ingénieur sur un lieu où seule la poudre parle. Et pourtant, notre ingénieur a arpenté, c'est le cas de le dire, ce champ de bataille, il l'a, en principe parcouru de long en large, il l'a reconnu, cartographié. L'Empereur ne se lance pas sur un terrain sans l'avoir vu de ses yeux et bien souvent ses yeux, ce sont ceux de l'ingénieur géographe.

---

6   Cette dernière permet parfois d'expérimenter des gestes oubliés et de mieux comprendre les réalités et les ressentis du terrain, passés dans l'Histoire.

J'ai pris en affection ces hommes dont le travail dépasse les campagnes napoléoniennes, ces hommes de science, ces artistes, qui ont réalisé une œuvre qui permit à l'Empereur de donner vie à ses traits de génie mais qui perdure encore aujourd'hui !

J'ai cherché à reproduire leurs gestes, leurs façons de faire, à expliquer (déformation professionnelle de l'enseignement) aux reconstitueurs mais surtout au public, quel était leur rôle, ce qu'ils faisaient et comment !

Copie imparfaite de ces vrais scientifiques qui ont inlassablement parcouru les routes d'Europe et plus d'une fois affronté les dangers d'une vie en campagne lors des guerres de la Révolution et de l'Empire, j'ai tenté de les comprendre pour approcher leur vérité et les faire revivre !

Voici maintenant ces quelques pages que je leur devais, malgré moi…

Partie I

Du Grand Roi au Grand Homme : histoire d'un corps de Louis XIV à Napoléon Ier

Chapitre 1 : Le corps des ingénieurs géographes de sa création à la Révolution

Gouverner un territoire nécessite de le connaitre. Déjà Machiavel, dans son livre V de « l'art de la guerre », parlait de la nécessité d'élaborer un « portrait » des territoires[7]. Ces portraits et cette connaissance géographique entrent dans la connaissance géopolitique des royaumes.

La cartographie apporte une connaissance du terrain pour peu que celle-ci soit précise ! Toutefois, la carte du royaume de France reste encore empirique. Elle est le fruit du travail de

---

[7]   Du portrait diplomatique comme extension des arts figuratifs : la France et l'Allemagne dans les écrits de légation machiavéliens, Jean-Marc Rivière, 2018

Nicolas Sanson[8] et de ses fils Adrien et Guillaume. Précepteur de Géographie de Louis XIV, Sanson élabora l'une des premières cartographies géographiques de la France. Après lui Pierre Duval (1619-1683) ou Gilles Robert de Vaugondy (1688-1766) poursuivirent le travail. Pourtant ces cartes demeurent imprécises. En 1643, Michel le Tellier devient secrétaire d'Etat à la guerre et entreprend, avec l'aide de son fils, Louvois, de faire classer les papiers de son ministère. En 1688, Louvois, poursuivant l'œuvre de son père, décide de transférer dans son hôtel particulier les papiers et archives de son département. L'ensemble étant encore désordonné, il décide de les inventorier et organise ainsi, un « Dépôt de la guerre » dont nous reparlerons. En 1665, le Grand Roi fut impressionné par la présentation de l'ingénieur Andreossy, alors connu pour avoir tracé les plans du canal du Midi, d'un plan en relief de la ville de Narbonne. Le plan fait une telle impression sur le Roi, qu'il en commande une série des principales places fortes réalisées par Vauban. A la fin du règne de Louis XIV, il en existe une série de 50, conservés à Versailles par l'Ingénieur-Résident Berthier, ancêtre du Chef d'Etat-major de Napoléon Ier. En

---

8   Nicolas Sanson (né le 20 décembre 1600 à Abbeville et décédé le 7 juillet 1667 à Paris), parfois dit Nicolas Sanson d'Abbeville ou Sanson d'Abbeville, cartographe célèbre du XVIIe siècle. Considéré comme le père de la cartographie française

1668, Colbert avise l'Académie des sciences qu'il « désirait que l'on travaillât à faire des cartes géographiques de la France plus exactes que celles qui y ont été faites ». L'utilisation de la triangulation mathématique remplace le « portrait » d'artiste représentant l'espace. Dans les années 1670, le Roi Louis XIV ordonne à l'Académie de « dresser une carte de toute la France avec la plus grande exactitude possible ». En 1682, les astronomes et géodésiens Picard et La Hire vont relever astronomiquement latitudes et longitudes des principales villes du littoral, travaux qui aboutiront aux contours de la carte de France corrigée (mais non triangulée), présentée à L'Académie. La précision de la cartographie devenant nécessaire à une bonne gouvernance du territoire, Jean-Dominique Cassini[9] et son fils Jacques élaborent le tracé de la méridienne de Paris, allant de Dunkerque à Perpignan et deux autres parallèles ainsi que de cinq lignes perpendiculaires à la méridienne, préparant ainsi la triangulation du territoire. Afin de réaliser les cartes les plus précises possibles, Louis XIV ordonne en 1696 la création d'un corps spécial d'ingénieurs militaires afin de cartographier le royaume : le corps des ingénieurs géographes. La création de cette unité correspond à la volonté

---

9   Jean-Dominique Cassini (Giovanni Domenico Cassini, dit Cassini Ier) (8 juin 1625, Perinaldo, comté de Nice, Savoie – 14 septembre 1712, Paris, France) est un astronome et ingénieur savoisien, naturalisé français en 1673.

royale de spécialiser l'armée et d'en faire un instrument de pouvoir.

Si le règne de Louis XIV a vu la naissance du corps des ingénieurs géographes, celui de Louis XV va lui permettre de se développer. En 1716, un petit groupe d'ingénieurs, affecté à la topographie militaire, se structure et devient autonome sous la conduite de l'ingénieur-chef Roussel, qui reçoit du Secrétariat d'Etat à la Guerre, la mission de « *définir les attributions de son personnel, d'édicter les règles et d'unifier les méthodes de travail* »[10]. En 1719, ce corps commandé par le colonel d'Hermand prend le nom de « Corps des Ingénieurs Géographes pour les Camps et les Armées ». En 1730, Monsieur de Lilliers prend le commandement du corps qui, outre le colonel d'Hermand, ne compte que six capitaines et quatre lieutenants. En 1732, un uniforme spécial leur est attribué. Jusqu'alors ils portaient l'uniforme des officiers d'infanterie mais à cette date il leur est attribué un uniforme de drap rouge à parements de drap bleu ! Mais celui-ci, trop voyant aux yeux de l'ennemi, est remplacé par un habit de drap gris fer et enfin bleu de roi. Le chapeau, tricorne galonné d'or demeurant la coiffe de nos officiers. En ce début du XVIIIe siècle, les premiers travaux des ingénieurs géographes consistent en une cartographie topographique des frontières du

---

10   Le service géographique de l'armée, ministère de la Défense nationale et de la guerre, 1938

royaume. Une carte topographique des Pyrénées est ainsi dressée en 8 feuilles au 330 000e environ puis « *Les cartes des frontières du Piémont et de la Savoie* » en 1719 et la « *Carte de la frontière d'Allemagne et des Pays-Bas* » en 15 feuilles, terminée en 1736. En plus de ces cartes topographiques, les ingénieurs géographes produisent quantité de plans et croquis locaux ainsi que des cartes des régions traversées par les armées. L'ensemble de ces travaux vient enrichir le fond du Dépôt de la Guerre toujours situé à Versailles. Pourtant la cartographie semble être vouée à l'usage militaire et on ne songe pas encore, à l'époque, à établir une cartographie générale du territoire du royaume.

Pourtant, à côté des cartes des ingénieurs géographes apparaît la carte de Cassini, la première carte topographique et géométrique établie à l'échelle du royaume de France dans son ensemble grâce à l'établissement préalable d'un canevas de triangulation géodésique[11]. En 1746 le cartographe César François Cassini demande à servir en Flandres auprès des ingénieurs géographes qui effectuent des levées auprès de l'armée, pour y expérimenter la méthode de triangulation. Le 7 juillet 1747, au lendemain des victoires de Rocoux et de Lawfeld, impressionné par les travaux menés en Flandres, qu'il vérifie lui-même sur le terrain, le Roi Louis XV confie

---

11   Ce canevas s'obtient grâce à la mise en place de points repères, points géodésiques, sur les hauteurs, permettant la triangulation.

au cartographe César-François Cassini[12] le soin de réaliser une carte exacte et détaillée du territoire. Satisfait des travaux, il dit à son géographe : « Je veux que la carte de mon royaume soit levée de même, je vous en charge ! »[13]. Les travaux commencent en 1750 et se poursuivent jusqu'en 1789. Cassini III et son fils Jean-Dominique Cassini de Thury donneront au royaume de France une cartographie précise levée à une échelle uniforme et suffisamment grande d'une ligne pour cent toises soit 1/86 400e (une toise vaut 864 lignes). Ces travaux sont regroupés en une série de cartes individuelles qui constituent un jeu de 182 feuilles accolées. Cet assemblage donne une vision d'ensemble du royaume dans ses frontières de l'époque, ce qui explique l'absence de Nice, de la Savoie et de la Corse, mais la présence de villes aujourd'hui luxembourgeoises, belges ou allemandes. Investit d'une mission par le Roi, Cassini forme et dirige une vingtaine d'ingénieurs civils mais a recours également aux ingénieurs géographes travaillant sur les frontières. La Guerre de Sept Ans débutant en 1756, l'œuvre de Cassini perd de son caractère primordial. Mais grâce au soutien de

---

12   César-François Cassini, dit Cassini III ou Cassini de Thury, né à Thury-sous-Clermont le 17 juin 1714 et mort de à Paris le 4 septembre 1784, est un géodésien, cartographe et astronome français, petit fils de Jean Dominique.

13   Le service géographique de l'armée, ministère de la Défense nationale et de la guerre, 1938

Madame de Pompadour, les géographes peuvent poursuivre leur œuvre, privés, il est vrai, du concours des ingénieurs militaires.

La Guerre de Sept ans voit s'accroitre le nombre des ingénieurs géographes qui passent à 40 et sont envoyés aux armées. Devenus disponibles après le traité de Paris, qui clôt la guerre, les ingénieurs sont employés, par ordre de Choiseul[14] à des travaux d'intérêts particuliers, à l'intérieur du royaume sous la conduite de Jean Baptiste Berthier[15], comme la « Carte des chasses du Roi » qui servira de base pour fixer la plupart des règles de la cartographie du XIXe siècle. Certains ingénieurs demandent également à servir aux colonies afin d'en dresser la cartographie. Poursuivant le travail déjà réalisé aux Indes, Canada, Louisiane et Mississipi, les nouveaux travaux se portent vers les Antilles et la Guyane, demeurées françaises après 1763. Pourtant le nombre des ingénieurs géographes parait encore trop élevé pour le temps de paix aux yeux de ceux qui tiennent les cordons de la bourse ! Leur nombre est réduit à 28 en 1769 et même à 18 en

---

14   Étienne-François de Choiseul-Beaupré-Stainville, comte puis duc de Choiseul-(Stainville) (1758) et duc d'Amboise (1764), né le 28 juin 1719 à Nancy et mort le 8 mai 1785 au château de Chanteloup. Il fut le chef du gouvernement de Louis XV entre 1758 et 1770.

15   Jean-Baptiste Berthier, né le 8 janvier 1721 à Tonnerre, Yonne, et mort le 21 mai 1804 à Paris, est un ingénieur-géographe et architecte, père du Maréchal Berthier, Prince de Neuchâtel, chef d'Etat-major de Napoléon Ier.

1779. Ces ingénieurs, désormais entièrement au service des armées, vont poursuivre les travaux par la cartographie des cotes de l'Océan, que les tensions avec l'Angleterre rendent nécessaire ainsi que cartographier de l'Ile de Corse qui n'était pas comprise dans les travaux de Cassini car devenue française en 1768.

En 1774 le jeune roi Louis XVI accède au trône. On connait l'anecdote qui lui aurait fait demander, au pied de l'échafaud, des nouvelles de La Pérouse. Ce roi passionné de techniques, de marine et d'exploration aurait pu promouvoir le corps des ingénieurs géographes. Mais en 1776 le comte de Saint-Germain, ministre de la Guerre, dans son ordonnance du 31 décembre, supprime purement et simplement le corps des ingénieurs géographes en les intégrant au corps royal du génie, nouvellement créé. Les ingénieurs géographes, tout en gardant leurs spécificités dans les travaux de cartographie, de levés des champs de batailles, de levés des camps de marche et dans les reconnaissances du terrain, se retrouvent subordonnés aux directeurs du génie qui pouvaient les utiliser selon leur gré ! Le 15 février 1777, le Dépôt de la guerre, par l'entremise du général de Vault adresse une protestation au comte de Saint-Germain, indiquant les services passés des ingénieurs géographes et leur utilité aux places, comme à la guerre ou à l'intérieur. Cette juste réclamation porte ses fruits. Dans l'ordonnance du 25 novembre 1777 le Roi reconnait aux ingénieurs géographes un statut propre avec le rang d'officier et un travail spécifique, à mener toutefois, conjointement avec les officiers du génie. Les travaux reprirent afin de dresser une cartographie des « cotes de l'océan », des Pyrénées ainsi qu'en Corse et sur les frontières.

Chapitre 2 : Un corps sous les tumultes révolutionnaires

La tempête de la Révolution française va considérablement changer la physionomie du bureau de la guerre ! Si au début de la Révolution, l'Assemblée Constituante décide de conserver en l'état le Dépôt de la guerre, la mort du général de Vault en 1791 entraine le retour des réformes ! Le corps du génie, par l'entremise du comité militaire de l'assemblé, propose une nouvelle fois la dissolution du Dépôt de la guerre et l'intégration des ingénieurs géographes au dépôt du génie. La déclaration de guerre à l'Autriche empêche la totale disparition du Dépôt de la guerre. Toutefois il en résulte un ressentiment assez fâcheux des ingénieurs géographes contre le corps du génie. Ceux-ci l'accusant à tort, ou à raison, d'être responsable de tous leurs problèmes. Cette querelle durera assez longtemps, jusque sous l'Empire, et ce alors même que leur chef, le général Sanson, issu du génie, œuvrera pour leur donner une existence et un statut qu'ils n'avaient encore jamais eu !

La guerre contre les puissances coalisées entraine un besoin de cartes que le dépôt du génie peine à satisfaire. Le 16 avril 1793, devant les besoins énormes de la nouvelle guerre, la Convention rétablit le Dépôt de la guerre et en confie la direction à un ingénieur géographe, le général Calon. Les corps techniques de l'armée, artillerie, génie et ingénieurs avaient moins été touchés par l'émigration que la cavalerie, arme noble par excellence et l'infanterie. Aussi, comme nous le verrons avec Bonaparte pour l'artillerie, il en sortit bon nombre d'officiers de valeur, qui firent carrière sous l'Empire et après. Afin de reconstituer son bureau, le général fait appel à tous les spécialistes capables d'instruire les nouveaux ingénieurs géographes : astronomes, géographes, cartographes, historiographes, professeurs de mathématiques et de dessin. Il faut doter au plus vite les armées de la République. Calon déploie une énergie peu commune, créant une école d'ingénieurs géographes, une école d'historiographes et reconstituant aux armées les sections d'ingénieurs géographes, employés aux états-majors en 1795. Parmi les hommes qui rejoignent les équipes du général Calon on peut citer le général Desdorides[16] qui crée une division de savants composés d'astronomes de l'observatoire et de professeurs ainsi que Delambre et Méchain, chargés de la nouvelle *méridienne de France*[17]. Vu l'activité, enrichie en

---

16   Jean François Louis Picault Desdorides, né le 5 février 1737 à Montauban (Tarn-et-Garonne), mort le 25 décembre 1801 à Grenoble (Isère), est un général de brigade de la Révolution française. Admis à la retraite le 5 avril 1795, remis en activité le 23 février 1796, il sert successivement comme historiographe de la guerre et adjoint au directeur du dépôt général de la guerre
17   Pierre Méchain est né à Laon le 16 août 1744 et meurt à Castellón de la Plana (Espagne) le 20 septembre

1794 d'un musée de la géographie et de la topographie, situé à l'hôtel d'Harcourt, rue de l'université ; les bureaux de la place Vendôme où se trouvait le Dépôt de la guerre, deviennent bien trop petit. Le général Calon obtient alors de les transférer rue de l'université, proche de l'hôtel d'Harcourt, au collège des jacobins, rue de l'université en 1797, sous le nom d'agence des cartes.

Ainsi l'agence des cartes se met à développer une activité importante, alimentée par les travaux des ingénieurs géographes aux armées. Les arrivées de documents sont si importantes que bientôt le bureau en est submergé. Le manque de secrétaires, d'archivistes et de fournitures empêchent de pouvoir intégrer la somme des travaux des sections aux armées parmi lesquelles, celle de l'armée d'Italie du général Bonaparte ! Cette section dirigée par Léopold Berthier, frère du chef d'Etat-major, Alexandre Berthier fournit le meilleur rendement de toutes les armées républicaines. Le général Bonaparte s'était également constitué un bureau topographique personnel, n'appartenant pas au Dépôt de la guerre, confié à un jeune officier de talent : Bacler d'Albe.

Pourtant, malgré ces beaux résultats, le Dépôt de la guerre s'attire de nouveau l'hostilité de personnes liées au pouvoir et sans doute animées de rancœurs personnelles contre le général Calon.

1804. Jean-Baptiste Joseph Delambre est né à Amiens le 19 septembre 1749 et meurt à Paris le 19 août 1822.

Les hydrographes, les traducteurs, les historiographes, les géographes, professeurs de mathématiques sont retirés au Dépôt de la guerre, les subsides sont réduits, enfin l'arrêté du 11 mai 1797 tente de réduire drastiquement le nombre d'employés du Dépôt. Mais l'arrêté du 6 janvier 1799 conserve aux ingénieurs géographes leur rôle aux armées sous le nom d'*ingénieurs artistes*. Le manque d'argent est le plus difficile à surmonter. Beaucoup d'employés n'étant pas payés, ils doivent trouver ailleurs de quoi vivre. Le général Ernouf adresse alors une lettre au ministère de la guerre dans laquelle il supplie : « de faire cesser cette condition affreuse » et de faire payer ses officiers sans traitement ! Sa supplique est entendue mais l'argent arrive au compte goute car des économies doivent être réalisées. En mai 1799, le général Meunier succède au général Ernouf. Il obtient du ministère de la guerre de réformer, une nouvelle fois, le Dépôt de la guerre en refondant les effectifs et en systématisant la gravure des cartes afin de pérenniser les moyens de reproduction des cartes.

La grande affaire des ingénieurs géographes sous le Directoire est sans conteste l'expédition d'Egypte. Bonaparte emmène avec lui bon nombre de savants, d'artistes et de dessinateurs, parmi lesquels Conté[18]. Il emmène

---

18   Nicolas-Jacques Conté, né le 4 août 1755 à Saint-Céneri-près-Sées en Normandie et mort le 6 décembre 1805 à Paris, est un peintre, physicien et chimiste français,

aussi des livres de géographie : la géographie de
Barlcay, les voyages de Cabot et Laharpe. Les
topographes de l'Armée d'Egypte vont fournir un
travail considérable. Ils effectuent la levée du
territoire égyptien jusqu'aux cataractes du Nil,
dressent de nombreux plans locaux au 2000e ainsi
que la carte de la Syrie méridionale. De plus,
pour garder la mémoire de cette expédition ils
réalisent les plans des batailles. Ces travaux sont
réalisés dans des conditions plus que difficile
auxquelles il faut compter la chaleur, la soif, les
insectes, les attaques incessantes des mamelouks
égyptiens et les maladies. Ces conditions
extrêmes deviennent ainsi le lot quotidien des
ingénieurs géographes de l'Empire.
A la fin du Directoire, la situation des ingénieurs
géographes n'est pas très reluisante malgré le
travail réalisé. Les jalousies et l'ingratitude du
pouvoir vis-à-vis de leurs services pousse le
nouveau directeur du Dépôt de la guerre, le
général Clarke, à solliciter l'aide personnelle du
Premier Consul. Il adresse lui une demande : « Il
est digne du gouvernement d'arrêter ses regards
sur une profession qui exige tant de
reconnaissance et de dévouement, et de
considérer si le rétablissement des ingénieurs
géographes ne devient pas urgent, pour conserver

---

connu pour avoir inventé le crayon tel qu'on le connaît
encore de nos jours, constitué d'une mine de graphite et
d'argile insérée dans un corps en bois de cèdre.

24

la pratique d'un art dont l'utilité n'est pas contestée »[19].

Homme de sciences et conscient de l'importance de la connaissance du terrain dans l'élaboration d'une stratégie militaire, le Premier Consul ne pouvait qu'agir en faveur des ingénieurs géographes. Pour autant, s'il va favoriser le développement du Dépôt de la guerre et l'emploi des ingénieurs géographes au Grand Etat-major et dans les états major des corps d'armée, il faudra attendre 1809 pour qu'un véritable règlement vienne régir les attributions de ces hommes.

---

19   Cité par BERTHAUT (Henri Marie Auguste) : *les ingénieurs géographes militaires, 1624-1831*, tome1, p201, éditions Hachette,1902.

Chapitre 3 : À l'ombre de l'Aigle

En 1801, le général Andrcossy remplace Clarke, appelé à d'autres fonctions par le Premier Consul, il reste deux ans à ce poste et est remplacé en 1803 par le général Sanson qui prend la direction du Dépôt de la guerre, poste qu'il conserve jusqu'en 1812 quand il est fait prisonnier durant de la campagne de Russie.

Le Dépôt de la guerre est doublé d'un cabinet topographique particulier, attaché à la personne du Premier Consul. Gardant les dispositions prises lors de la première campagne d'Italie en 1796, Bonaparte fait donner à Bacler d'Albe des moyens matériels et financiers importants. Le cabinet topographique privé constitue alors une grande collection de cartes et plans, réalisés par les équipes ou achetés auprès des cartographes locaux, destinés uniquement à l'utilisation par le Premier Consul. La signature de la paix d'Amiens en 1802, entraine une refonte du cabinet privé, rattaché dès lors, en l'an X, au Dépôt de la guerre. La perspective de paix ne justifiait plus ce double emploi. La somme de matériel qui rejoint les dépôts est considérable, à tel point qu'il faut en dresser un inventaire précis avant d'archiver les documents[20]. Pourtant en

---

20   Cette pratique, bien que nécessaire, n'est alors pas la norme. Là encore, Napoléon fait preuve de modernité et d'un sens pratique en assurant, avec la rédaction d'un inventaire (il faut attendre 1839 pour que l'inventaire soir

1803, la rupture de la paix par l'Angleterre agite à nouveau le spectre de la guerre Européenne. Le Premier Consul, déployant l'énergie qu'on lui reconnait, reconstitue très vite un cabinet topographique personnel à Saint-Cloud dans lequel il fait afficher sur les murs de grandes cartes de l'Europe mais aussi celles de Paris et celle des chasses royales. Lorsqu'on entre dans ce cabinet privé on est vite saisi par l'omniprésence des cartes ! Le Premier Consul (et plus tard l'Empereur) fait déployer au sol de grandes cartes des théâtres d'opération sur lesquelles il s'allonge parfois afin d'en scruter les moindres détails. On imagine le spectacle saisissant de celui qui va devenir le maitre de l'Europe, couché sur une carte à même le sol, accompagné de Bacler d'Albe et de quelques généraux, préparant minutieusement la campagne militaire à venir ! Ce cabinet est doublé par un autre situé à la Malmaison puis un troisième situé à Fontainebleau[21]. Les équipes sous la direction

---

la norme en archives départementales), la consultation rapide des documents archivés et leur sauvegarde patrimoniale. NdE

21   Napoléon « dispose d'un mobilier mieux adapté de très grandes tables, encore présentes dans le cabinet topographique du château de Fontainebleau, qui fait partie de l'appartement de l'Empereur situé dans l'aile du rez-de-chaussée construite par Louis XVI le long de la galerie François 1er. Napoléon peut aussi utiliser les bureaux mécaniques comme celui figurant dans sa bibliothèque à Compiègne...dont le dessus coulisse, ce qui donne facilement accès au tiroir et double aussi la surface

de Bacler d'Albe déploient une activité intense, achetant, partout, tout ce qu'il peut être possible de se procurer en matière de cartes d'Allemagne aussi bien que d'Italie et d'Angleterre, ouvrages géographiques, historiques et scientifiques. Il arrive donc à Malmaison et à Saint-Cloud des quantités de cartes, d'ouvrages de géographie, de plans, venus de toute l'Europe, par des relais mis en place par Bacler et ses adjoints. A la fin du Consulat les collections personnelles du Premier Consul couvrent pratiquement l'ensemble de la cartographie du monde connu d'alors. Entre 20 et 25 000 feuilles de cartes se retrouvent regroupées dans les dépôts de Saint-Cloud et de Malmaison. La carte, comme instrument de conquête allait donner toute sa mesure sous l'Empire.

---

de lecture. Dans certains cas, l'Empereur n'hésite pas à consulter les documents sur le sol". PELLETIER (Monique) : "les cartes dans la communication internationale sous le Consulat et l'Empire" in *Langages et communication : espaces, territoires et pouvoirs*. Paris, éditions du Comité des travaux historiques et scientifiques, 2015.

Chapitre 4 : Organisation et missions du Bureau de la guerre sous le 1er Empire

Reconstituer l'uniforme d'un ingénieur géographe impérial m'a obligé à me mettre dans la peau d'un de ces hommes ! Bien sûr il ne s'agit pas ici de s'identifier à tel ou tel personnage. Pas question non plus de se prendre pour l'un de ces scientifiques qui œuvraient à la cartographie de la France et de l'Empire. Mais pour faire « passer le message », être pédagogique envers le public, il me fallait connaitre le fonctionnement de cette formidable machine qu'était le bureau de la guerre.

Sous le 1er Empire c'est le général Sanson[22] qui est le directeur du Bureau de la guerre, même si sa charge est entrecoupée par les périodes passées aux armées. En 1805, au moment où s'ouvre la campagne qui doit mener à la brillante victoire d'Austerlitz, Sanson prend le commandement du service topographique de la Grande Armée, rattaché au Grand Etat-major Général du Maréchal Berthier. A Paris, c'est son adjoint, le lieutenant-colonel Muriel qui assure par intérim, la direction du bureau. Devant répondre aux sollicitations de l'Empereur et face

---

22   Nicolas Antoine Sanson, né en 1756 à Paris, mort en 1824 à Passy-sur-Seine. Général de brigade en 1799. Il sert au service topographique de 1805 à 1807.

aux importantes missions qu'on lui confie, le bureau de la guerre a besoin d'une organisation spéciale que l'administration militaire peine à lui fournir.

Pour la campagne de 1805, Sanson fait appeler à l'armée les officiers qui composaient, au Dépôt de la guerre, le bureau de quartier général qu'il place sous les ordres du colonel Vallongue. Il est épaulé par des artistes comme Carle Vernet[23] qui a pour mission de représenter les batailles, ce qui constitue, grâce à l'exactitude du travail du peintre, un fonds documentaire représentatif. Avec ses ingénieurs aux armées, il multiplie les plans, relevés et autres matériels qui vont grossir les fonds du dépôt à Paris mais aussi servir directement aux armées. Le premier travail du bureau de la guerre est de compléter la cartographie de la cote de Boulogne à Calais au moment où l'invasion de l'Angleterre est encore d'actualité. Le 5 septembre, Sanson est convoqué à Saint-Cloud par l'Empereur qui lui recommande de se munir de toutes les cartes imprimées et manuscrite des pays d'Allemagne « compris entre le Mein et la Suisse, sans oublier le Haut Palatinat et la Franconie, ainsi que la

---

23   Carle Vernet 1758-1836, peintre et dessinateur français, il a accompagné Napoléon lors des campagnes de Marengo en 1800, d'Austerlitz en 1805 et d'Espagne en 1808.

Bohême, et depuis le Rhin jusqu'à Vienne »[24]. La carte devant servir de support à la stratégie de l'Empereur, il faut qu'elle soit la plus précise possible. Afin de préparer la marche des « 7 torrents » depuis le camp de Boulogne jusqu'en Moravie, le général Clarke demande de préparer une carte spéciale où seront positionnés les étapes et les dépôts afin de pouvoir ravitailler les troupes. Le 11 septembre, le fourgon transportant le matériel du bureau topographique part de Paris pour Strasbourg. Lorsqu'il arrive, le 14, Sanson entreprend de faire dresser un calque de la carte de Souabe qu'il fait expédier, le 16 au général Clarke. Les ingénieurs déjà présents à Strasbourg s'étaient mis au travail sans attendre. Cette activité ne va aller qu'en s'amplifiant. Le 20, les ingénieurs géographes se présentent chez le Prince Murat pour tracer sur des cartes l'itinéraire des corps d'armée. Tous les sept corps reçoivent alors des cartes sur lesquelles sont indiqués, jours par jours, les routes suivies, les étapes, l'emplacement des quartiers généraux et les dépôts de vivres pouvant être organisés en amont. Le même travail est organisé pour le quartier général de l'Empereur et l'état-major de la Grande Armée. Ce travail gigantesque peut paraitre, à nos yeux, assez simple quand on dispose aujourd'hui de cartes précises et bien documentées, sur lesquelles les voies de

---

24   In BERTHAUT (Henri Marie Auguste) : *les ingénieurs géographes militaires*, 1624-1831, tome2, p11. Editions Hachette, 1902.

communications sont représentées par des signes conventionnels spéciaux, ainsi que les ponts, villages et même les postes d'observations ou les sources d'eau potable. Mais en 1805 les bonnes routes sont rares, les cartes, volontairement (ou non), imprécises, tous les renseignements nécessaires à la marche d'une armée sont bien souvent contradictoires et dépendent de l'impression de celui qui donne le renseignement. Aussi faire traverser l'Allemagne à sept corps d'armée, aux chariots transportant le ravitaillement, aux ambulances et aux services des états-majors nécessite un renseignement exact. Il n'était pas possible de réaliser cette entreprise titanesque sans effectuer des reconnaissances préalables, multiples et à longue portée et ensuite d'en cartographier les résultats. Un travail énorme pour un service topographique dont les effectifs demeurent réduits[25].

Une telle entreprise demande des moyens ! Or, le dépôt de la guerre se heurte pendant tout l'Empire à un problème récurrent : faire toujours plus avec des moyens limités. Pour l'année 1804 le budget du bureau de la guerre s'élevait à

---

25   Le renseignement géographique est alors une pièce majeure d'un élément important d'une campagne : le franchissement des cours d'eau. En effet, trois paramètres sont nécessaires pour franchir un fleuve ou une rivière, qui peuvent servir d'appui de défense : la situation tactique locale, le rapport avec l'environnement naturel et humain du franchissement et l'adéquation des ressources aux besoins.

848 000 francs de l'époque. Cette somme couvre les frais de fonctionnement du bureau (calligraphie, gravure et impression) ainsi que les appointements des ingénieurs. Or, les services chargés du paiement ne brillent pas par leur célérité et les retards entrainent un ralentissement dans la production, malgré les demandes toujours plus pressées de l'Empereur. En 1805, au moment où s'ouvre la campagne, le bureau de la guerre dispose de 102 ingénieurs géographes, répartis entre le bureau de Paris et les ingénieurs aux armées. Comprenant l'importance du travail topographique pour la préparation de la campagne, le Maréchal Berthier décide, dans une note du 22 novembre 1805, de faire payer les ingénieurs géographes sur la solde des armées. Les ingénieurs sont désormais payés comme les autres officiers de l'armée. Cette décision met un point final aux difficultés qu'éprouvent les ingénieurs géographe à être payés. Pour 1805, le total des appointements des ingénieurs géographes s'élèvent à 245 700 francs, auxquels il faut ajouter 66 112 francs pour les indemnités de fourrage et de logement et 89 550 francs pour les frais supplémentaires de campagne[26]. Pour le bureau de la guerre, le budget s'élève à 50 000

---

26   En comparaison, les dépenses le mois de ventôse an XIII pour les frais de bureau du ministère de la guerre sont de 101 820 francs et les traitements extraordinaires des généraux employés dans l'intérieur pour le premier semestre de l'an XIII s'élève à 353 666 francs.

francs pour les appointements des employés, 18 000 pour la gravure des cartes, 4 600 francs pour les frais d'impression, 6 000 francs pour les frais de bureau et d'administration et 20 000 francs pour les travaux des cartes d'Egypte et d'Italie. A ces sommes[27] il faut ajouter, pour les besoins d'urgence, les fonds spéciaux émanant de l'Empereur lui-même, difficilement quantifiables et s'adaptant aux circonstances. Ce budget est variable selon les années. En 1806 il tombe à 634 340 francs, en 1807 il remonte à 896 902 francs. 818 162 francs en 1808, 524 000 francs en 1811 et 510 118 pour 1812, 468 937 en 1813 et 489 223 en 1814[28]. On voit que le budget du bureau de la guerre, malgré des demandes toujours plus importantes, va en diminuant tout au long de l'Empire. La guerre coute cher et l'Empereur doit rogner partout où il le peut pour pouvoir soutenir l'effort des forces armées. Les frais liés à la solde demeurant fixes c'est sur les services annexes que les économies sont réalisées.

Le bureau de la guerre est chargé de classer et d'archiver les informations qui arrivent des ingénieurs aux armées. Le matériel regroupé est varié. Cartes topographiques et plans des

---

27   BERTHAUT (Henri Marie Auguste) : « les ingénieurs géographes militaires », 1624-1831, tome2, p8, 1902, éditions Hachette.
28   idem

villes des pays traversés, duplication de ces cartes à destination des officiers, plans et vues des champs de batailles réalisés par les artistes qui suivent l'armée, rapports d'informations alimentés par les services de renseignements réguliers, ou venus de canaux parallèles, rapports de batailles, cartes et plans détaillés de celles-ci avec mouvements de troupes destinés à alimenter les réflexions de l'Empereur. Enfin il y a les plans des places fortes, des fortifications tant françaises qu'étrangères. Un travail colossal de tri, d'archivage, de classement. Tous les renseignements militaires et civils passent au bureau de la guerre et sont traités. A cela, il faut rajouter la cartographie d'un Empire qui ne cesse de s'étendre, le cadastre et tous les travaux topographiques civils à destination de l'administration impériale. Une activité continue pour un service aux moyens réduits. Pendant que la campagne de 1805 battait son plein, les services topographiques de l'armée d'Italie, sous les ordres du maréchal Masséna, sont accusés de laxisme par le ministre de la Guerre. Le général Sanson adresse alors au général Charpentier, commandant du cabinet topographique de l'armée d'Italie, une lettre lui enjoignant de restructurer son bureau sous peine de le faire remplacer. La réponse du général Charpentier au général Sanson est assez révélatrice des conditions dans lesquelles se trouvent les bureaux topographiques situés loin de « l'œil du maitre » : « *les différents officiers qui m'ont été attachés depuis le commencement de la campagne ont rivalisé de zèle, de bravoure et d'intelligence. [...] Vous devez vous rappeler, mon cher général, qu'en peu de jours nous avons été obligés, à l'armée d'Italie, d'improviser la guerre. Il y avait alors sept adjoints à l'état-major général, trois ou quatre adjudants commandants. Dans le nombre des adjoints, deux se trouvaient malades et un troisième ne savait pas écrire. De manière qu'ayant tout à créer, à organiser tous les services, j'avais à peine trois ou quatre collaborateurs»*[29]. On voit avec cette lettre du général Charpentier, que l'œuvre réalisée par ces hommes, en campagne, oblige souvent à une bonne part d'improvisation et de génie. Ces ingénieurs géographes, français et italiens, avaient produit pour la campagne de 1805 une carte en 10 feuilles au 50 000e du théâtre des opérations en Italie du Nord. Compte tenu des effectifs et des difficultés rencontrées, ces cartes avaient été produites fort rapidement. Il ne faut pas oublier que les travaux géodésiques et topographiques se font grâce à l'observation de points repérés, permettant la triangulation nécessaire à l'élaboration de levés de terrains. Or à partir de décembre 1805, les neuf ingénieurs sous les ordres du chef de bataillon Cicille, chargés de cartographier la région entre le Tagliameto, l'Isonzo et de la mer jusqu'à Trieste, se retrouvent dans des conditions difficiles pour

---

29   SHAT : correspondances topographiques.

l'exercice de leurs fonctions. Un froid très vif, un brouillard continuel et des pluies qui nuisent à l'établissement d'une triangulation géodésique à partir de points hauts. Le brouillard empêche les ingénieurs de distinguer les points repérés et de prendre leurs mesures, ce qui les oblige à établir un canevas géométrique. D'anciennes mesures sont réduites à l'échelle et on les reporte graphiquement sur une base mesurée avec autant d'exactitude que les circonstances le permettent. Les ingénieurs géographes de l'armée d'Italie de Masséna, courants dans le froid et le brouillard sur des petites routes de montagnes, n'avaient donc pas mérités les critiques acerbes de leurs supérieurs demeurés à Paris !

Quand les ingénieurs ne servent pas aux armées durant les temps de guerre, ils s'acquittent des travaux de cartographie civile, complétant les relevés urbains existants ou mettant en place les cadastres dans les départements nouvellement créés.

Les campagnes successives de l'Empereur donnent aux ingénieurs géographe une activité importante. Leurs travaux, sans cesse recommencés et complétés, donnent une cartographie très précise de l'Europe. Aux cartes déjà existantes des royaumes voisins, qu'ils achètent parfois à prix d'or sur des fonds spéciaux ou propres, viennent s'ajouter les travaux qu'ils réalisent pour améliorer les connaissances du terrain traversé et des pays conquis. La création de nouvelles entités politiques après 1806, comme le royaume de Westphalie ou la confédération du Rhin, nécessite une nouvelle cartographie de l'Allemagne. Des ingénieurs géographes sont donc affectés à des missions cartographiques sur le terrain ou auprès des souverains des royaumes alliés. La Bavière, la Saxe reçoivent la visite d'officiers ingénieurs, mandatés par le dépôt de la guerre, pour compléter les connaissances déjà existantes sur leurs territoires. Les bureaux locaux se multiplient. Au fur et à mesure de l'agrandissement de l'empire, on crée sur place des antennes locales du service topographique, incluant bien souvent, les services topographiques des pays devenus, plus ou moins volontairement, alliés !

Les réalisations des ingénieurs géographes s'accompagnent également d'un travail mémoriel sur les campagnes menées par les armées françaises. L'Empereur tient à ce que tout soit consigné. Dès le début de la campagne, les ingénieurs géographes établissent les cartes, les plans de marche et de dépôts des armées. Pendant la bataille, ils appuient de leurs renseignements et de leurs connaissances les états-majors auprès desquels ils sont affectés. Après la bataille, ils s'occupent de faire les relevés de terrains et de cartographier l'emplacement des différentes troupes amies et ennemies. Les différents rapports rédigés par le Grand Quartier Général et par le bureau topographique servent de base pour la réalisation des cartes montrant les mouvements de troupes et la stratégie du commandement ! Tout est précieusement consigné, jusqu'aux plus petits détails et envoyés au Dépôt de la guerre où tout est archivé. En 1806, alors qu'on achève à Paris la réduction du plan de bataille d'Austerlitz, le général Sanson installé à Strasbourg se fait envoyer par les ingénieurs géographes restés aux armées, les plans et cartes des batailles de 1805, qu'il corrige et annote. Il entretient une correspondance journalière avec le général Muriel qui dirige les travaux de cartographie du champ de bataille d'Arcole. Ces réalisations sont, en outre, visées par le général Bertrand, aide de camp de l'Empereur, qui donne les directives de ce dernier au général Muriel. Trois plans sont faits pour la bataille d'Arcole, sur lesquels Napoléon place lui-même et minutieusement, les mouvements de troupes. Les croquis de ces mouvements, apportés au Dépôt de la guerre par le général Bertrand avaient été dictés par l'Empereur lui-même. L'intervention de Napoléon dans les travaux topographique est fréquente. L'Empereur contrôle tout, veut une exactitude millimétrée de tous les placements de troupes sur les cartes. Son œil d'aigle veille ! Il corrige, annote et fait modifier les points qu'il juge erronés, comme sur les plans des batailles d'Aboukir, du mont Thabor et des Pyramides. Lorsque le général Sanson lui présente le plan de la bataille d'Austerlitz, l'Empereur se déclare fort satisfait du travail réalisé. Toutefois il lui fait remarquer que la carte est fausse par endroits. Le relevé topographique, réalisé sous la neige présentait des erreurs et il manquait un ravin qui conduisait au plateau de Pratzen. De mémoire, Napoléon traça lui-même les délimitations du ravin. Elles furent confirmées par un relevé de l'ingénieur Denayer qui en possédait un tracé réalisé peu après la bataille.

Chaque campagne est l'occasion d'enrichir les fonds documentaires du Dépôt. En 1806, on installe à Milan un cabinet topographique pour le prince Eugène, vice-roi d'Italie. On achète des cartes auprès du Sultan de Constantinople afin de multiplier les connaissances sur la mer Noire et le Caucase, puis en 1807 on développe, en cette période de paix relative au traité de Tilsitt, les connaissances sur la Russie. Les ingénieurs géographes parcourent l'Europe à la recherche de nouveaux matériels pour agrandir la somme de connaissances déjà existante. L'activité du bureau de la guerre augmente en 1808 avec la création d'un dépôt topographique en Espagne.
Cette année 1808 marque également la transformation du Dépôt de la guerre. Dès son retour à Paris, le général Sanson, face aux missions toujours plus étendues de son service, estime nécessaire une refonte totale du Dépôt, à commencer par le statut des ingénieurs géographes eux-mêmes. Le décret du 30 janvier

1809 fixe l'organisation du « Corps impérial des ingénieurs géographes des camps et marches des armées ». Si Sanson reste aux commandes du Dépôt de la guerre, centre névralgique des opérations cartographiques de l'armée impériale, Bacler d'Albe prend le commandement du corps des ingénieurs. Cette restructuration affecte aussi bien leur recrutement que leur formation mais aussi, grâce à un nouveau règlement, fixe les principes à appliquer aux travaux topographiques, impose la division décimale du cercle au lieu de la division en grades et décrit les instruments autorisés. Un dernier règlement, du 24 mai 1811, fixe les attributions et les règles de services des ingénieurs géographes qui font désormais partie de l'Etat-Major Général de l'armée.

Parallèlement à la restructuration du dépôt de la guerre, les ingénieurs géographes reçoivent une nouvelle mission. L'Empereur souhaite faire établir une carte de l'Europe, réduite à l'échelle et uniformisée. Au mois de novembre 1809, le bureau topographique s'installe au Tuileries. La guerre contre l'Autriche qui vient de se terminer avec la victoire de Wagram en juillet et le traité de Vienne, le 14 novembre, permet un retour relatif à la paix en Europe centrale. Si les affaires d'Espagne restent préoccupantes, l'Empereur est toujours maître de l'Allemagne. Toutefois, la campagne a démontré les limites et parfois les faiblesses de la Grande Armée. Les combats d'Essling en mai, la perte du maréchal Lannes, l'épisode de l'ile de Lobau où l'armée est coupée en deux par le cours du Danube, et le manque de connaissances précises sur le terrain, décident l'Empereur à mettre à contribution ses ingénieurs afin d'actualiser la « carte de l'Empereur » vaste ensemble de cartes et plans couvrant l'Europe entière. Celle-ci, suivant le rapport de Bacler d'Albe s'avère insuffisante. De vastes régions, comme la Hongrie, ne sont pas couvertes, d'autres, comme la Bohême ou la Moravie, manquent de précision[30]. Suivant les ordres de Napoléon, le général Bacler d'Albe rappelle à Paris tous les ingénieurs qui n'ont pas une importance capitale aux armées, afin qu'ils se mettent à travailler sur le projet. En 1810, la commission de dessin du Dépôt de la guerre entreprend un important travail : la réduction des 60 feuilles de la carte d'Allemagne au 100.000e afin de l'harmoniser avec la carte de l'Europe déjà existante. La différence des échelles représente un problème constant des ingénieurs géographes. La mise à l'échelle des cartes est un point important du travail du bureau topographique. Le matériel rassemblé, tant auprès des ingénieurs qui effectuent le travail sur le terrain que des puissances étrangères ou alliées, se trouve être à des échelles différentes. Prenons l'exemple de la carte d'Allemagne, voulue par Napoléon. Elle provient de sources diverses : la

---

30   SHAT, correspondances, C14, in Henri Marie Auguste Berthaut, les ingénieurs géographes militaires, 1624-1831, tome2, p158, 1902, éd Hachette BNF

carte du duché d'Oldenbourg est au 20.000^e, celle des duchés de Schleswig et de Holstein est au 25.000^e, les cartes du Duché de Magdebourg et d'une partie de la moyenne Marche sont au 50.000^e, celle du comté de Lippe-Detmold au 64.000^e, la principauté de Neustadt au 11.240^e le duché de Brunswick au 37.000e…. Chaque prince travaillant à l'élaboration de la carte de son territoire, aucune harmonie d'échelle n'est utilisée. Cette profusion d'échelles entraine une difficulté de lecture et surtout nécessite la mise à une échelle commune afin de constituer la carte de l'Empereur.

Concomitamment à cette réalisation titanesque, les autres ingénieurs, restés aux armées, continuent leur travail d'enrichissement des fonds. Comme nous allons le voir, ces ingénieurs géographes endossent également le rôle d'espion, préparant par leurs observations ou leurs acquisitions, les stratégies du Maitre.

Pendant que les ingénieurs du cabinet topographique s'attèlent à la réalisation de la grande carte de l'Empereur, d'autres continuent à amasser du matériel servant aux plans. Or dès 1811, les regards de Napoléon se tournent vers la Russie. Le Tsar Alexandre 1er joue, depuis le traité de Tilsitt, un double jeu et son territoire est de plus en plus perméable aux marchandises anglaises, malgré le blocus continental et les accords signés. En janvier, le général Pelletier adresse, depuis Varsovie, au général Sanson, un exemplaire de la carte de l'Empire Russe en 107 feuilles pour la partie européenne, portant les noms en Russe. Hormis le travail de francisation des noms et de traduction des symboles, la carte doit être complétée et vérifiée. Le général continue ses travaux de recherche en se procurant une copie des cartes sur la Russie, de la Moldavie et de la Valachie ; ces cartes sauvées en 1793 du pillage de l'ambassade de Russie à Varsovie avaient été remises en 1807 au Roi de Naples. En cette année 1811, il devient évident que quelque chose se prépare vers l'Est, les ingénieurs géographes en poste à Varsovie, Berlin ou Vienne déploient une activité intense. Pelletier achète pour 600 francs, à Vienne, un atlas de Russie qu'il expédie à Paris. Les préparatifs de la campagne se confondent avec l'extension de la carte de l'Empereur vers l'Est. Au mois de mai, Pelletier envoie à Paris, sur la demande de Sanson les 279 feuilles de la carte du Dniestr mais les autres relevés, ceux du San et ceux du Bug sont incomplets et nécessitent des approfondissements. Depuis Berlin, Gaillard, secrétaire de la légation française, expédie une carte de la Russie en 6 feuilles portant les noms en caractères latins. Couplée aux travaux des traducteurs de russe du dépôt cette carte doit permettre de traduire celles dont dispose déjà le dépôt aux Tuileries.

Au fur et à mesure que les tensions montent entre l'Empire français et l'Empire russe, le bureau topographique est mis en alerte. Le 9 mai 1812, le général Sanson quitte Paris pour rejoindre l'armée avec les derniers travaux sur le sujet de la topographie de la Russie occidentale. Au mois de janvier, le général Lauriston, ambassadeur à Saint Pétersbourg s'est procuré un ouvrage intitulé : Dictionnaire géographique et historique de l'Empire de Russie qu'il a transmis au bureau topographique. De son côté le bureau a traduit de l'allemand une encyclopédie géographique de la Russie et s'est attelé à effectuer un travail statistique sur les villes potentiellement traversées par l'armée. Tout est chiffré : population, réserves, bétail. Ce travail, commandé par Bacler d'Albe pour le cabinet de l'Empereur doit permettre d'enrichir les connaissances du bureau de renseignement. Les plans des grandes villes sont également rassemblés ainsi qu'une carte topographique du golfe de Finlande et de l'itinéraire de Moscou à Tykozin[31] ! Le bureau topographique se trouve alors engagé aux deux extrémités de l'Empire. Il doit, en Espagne[32], finir les relevés qui doivent

---

31   Aujourd'hui Tykocin dans l'Est de la Pologne
32   C'est là que l'ingénieur Bentabole, dresse un plan de Séville, en 1811. Joseph Charles Marie Bentabole est né le 21 juin 1784 à Bruges. Elève ingénieur géographe au dépôt de la Guerre me 21 avril 1800. Nommé sous-lieutenant ingénieur géographe de 3e classe le 14 avril 1802. Lieutenant ingénieur géographe de 2e classe le 1er mars 1805. Capitaine le 23 novembre 1808. Il fait la campagne en Italie puis en Espagne. Chef d'escadron le 12 juin 1823. Il fait la campagne d'Espagne en 1823. Lieutenant-colonel au corps royal d'état-major le 22 février

conduire à la création de la carte de la péninsule ibérique, avec les difficultés que l'on imagine : insécurité des campagnes, guérilleros, armée Anglo-espagnole. De l'autre côté, en Russie, il doit préparer l'invasion d'un territoire immense, dont on ne soupçonne pas tout à fait l'étendue ; certaines cartes russes étant imprécises ou datées. Le travail qui attend les ingénieurs géographes dans cette campagne est colossal, à l'image du territoire que la Grande Armée doit conquérir. Pour accomplir cette tâche et comme toujours, le matériel, comme les hommes, est réduit. Le bureau, commandé par Sanson et rattaché pour la campagne au Grand Etat-Major Général du maréchal Berthier, dispose d'un fourgon conduit par l'ingénieur Richoux, d'une chaise de poste aménagée pour le transport des cartes et d'un cabriolet léger pouvant passer partout pour transporter les cartes de première urgence. Ce véhicule tout terrain devenait indispensable car l'expérience des campagnes passées démontrait que le fourgon n'arrivait jamais en temps utiles, empêtré dans les charrois des fourgons de l'armée. Au départ de la campagne, le terrain étant plus ou moins connu et cartographié, le nombre des ingénieurs est porté à 11, avec la possibilité d'appeler à l'armée des réserves pour

---

1831. Officier de la Légion d'honneur le 6 janvier 1834. Colonel le 28 février 1841. Employé au dépôt de la Guerre le 1er avril 1843. Admis à la retraite le 3 avril 1844.

en augmenter le nombre au fur et à mesure de l'avancée vers l'est.

Depuis le mois de mai sur ordre de l'Empereur, les officiers ingénieurs sont lancés en avant de l'armée pour effectuer des reconnaissances poussées du territoire, des routes et des places fortes russes. Une fois le Niémen franchi, l'Empereur décide d'attacher les ingénieurs géographes aux différents corps d'armées pour se faire renseigner journellement sur les positions occupées. Le nombre de 11 ingénieurs ne suffit donc pas et le ministre de la Guerre ordonne que 10 autres ingénieurs soient envoyés aux armées. L'entreprise est telle que très vite les cartes viennent à manquer. Berthier écrit donc à Paris afin d'ordonner le départ d'un second fourgon chargé de cartes. Sanson donne l'ordre aux différents ingénieurs géographes appelés en renfort de se charger de toutes les cartes possibles afin de compléter les jeux déjà en possession de l'armée et diminuer le poids des colis expédiés régulièrement depuis Paris. Le 30 juillet, un décret de l'Empereur prescrit l'envoi d'un autre fourgon contenant 500 exemplaires de la carte de Russie occidentale afin d'en doter les chefs d'escadrons et capitaines de cavalerie. En outre il ordonne au Dépôt de la guerre d'activer la production de cartes et de multiplier les expéditions. Les ordres mettant 15 jours pour parvenir de Vilna[33] à Paris, c'est donc avec un

---

33   Aujourd'hui Vilnius en Lituanie.

certain retard que ceux-ci sont exécutés. A la date du 25 juillet, il a été expédié à la Grande Armée 120 exemplaires supplémentaires isolés des deux cartes de Russie. Les départs journaliers se poursuivent, appelés de façon très pressante par l'état-major. Le maréchal Berthier demande courant juillet, de fournir un autre fourgon au service topographique dans lequel il est installé une presse portative. Le fourgon quitte Paris le 13 août avec un officier exercé à son maniement. Un service de fourgon accompagné chacun d'un gendarme est organisé pour expédier régulièrement les cartes aux armées. A Paris l'effervescence règne. Au Dépôt de la guerre, six graveurs se relaient toutes les 6 heures sans arrêt, jour et nuit, afin de graver les plaques servant à dupliquer les cartes. On organise un service spécial de voiture afin de prendre ces graveurs à leur domicile et les conduire au Dépôt, puis une fois leur service fini, les ramener chez eux afin de réduire les temps d'attente et ne pas perdre un instant sur leur travail. Au mois d'août, on comptabilise jusqu'à 22 presses fonctionnant simultanément pour la duplication des cartes qui sont ensuite envoyées à l'armée par fourgons spéciaux. Malgré cette activité, les distances et les dangers font que les cartes manquent aux troupes. A la fin du mois d'août, le nombre des exemplaires de la carte de la Russie dirigées vers l'état-major de la grande armée dépasse les 1000, ce qui représente un total d'environ 50 000 feuilles ! Jamais des cartes n'avaient été, pour aucune campagne, délivrées dans une pareille proportion ! Pourtant la physionomie de la campagne allait bientôt changer. A partir du 26 septembre, les demandes du bureau topographique commencent à changer. On demande l'envoi d'objets usuels : bougies, pierres à briquets, la nourriture qui commencent à remplacer les cartes. On demande l'envoie de charcuterie, d'alcool, les ingénieurs comme le reste de l'armée peinent à trouver de quoi se nourrir ! L'argent manque, si bien que Sanson lui-même doit faire une avance de 3 000 francs sur ses fonds propres pour couvrir les besoins du service. L'un des fourgons est transformé pour y installer l'un des moulins portatifs en fer approuvés par l'Empereur afin de moudre le grain et fournir de la farine à l'armée. Au fil de la campagne, les pertes en ingénieurs sont de plus en plus lourdes. Certains tombent malades, d'autres sont blessés comme l'ingénieur Chabrier à la Moscowa, certains sont pris par les cosaques lors de reconnaissances comme les ingénieurs Boutinot et de Plonniès ou pris sur la route avec les équipages comme l'ingénieur Boclet. Le 5 décembre, c'est au tour du général Sanson d'être pris lors d'une reconnaissance par les cosaques. La retraite, comme pour le reste de l'armée, est catastrophique pour le bureau topographique qui perd l'ensemble de son matériel et la quasi-totalité de ses personnels ; prisonniers, morts ou disparus. Seuls les ingénieurs Eymards et Berlier, détachés auprès des corps d'armés sont restés valides, Duvivier et Lameau étaient rentrés avec Bacler d'Albe. Comparées aux effectifs engagés, les pertes du bureau topographiques sont considérables ! Outre les hommes, la perte en matériel est, elle aussi, immense ! Les cartes d'Allemagne emportées par Sanson ont disparu et les délais pour les refaire vont être très longs, au moment où l'Empereur amorce la campagne de 1813 !

Au vu des pertes de la campagne de Russie, il s'avère urgent de réorganiser le bureau topographique. C'est au général Muriel, adjoint de Sanson, que revient cette lourde tâche. Tout a disparu dans les neiges de la Russie, les hommes, le matériel et surtout les cartes ! Muriel se démène auprès de Clarke, ministre de la Guerre mais également auprès de Berthier, chef du Grand Etat-major. Celui-ci écrit le 26 mars au Duc de Feltre, une lettre dans laquelle il précise l'importance vitale de reconstituer un bureau topographique capable de fonctionner. Il lui enjoint de nommer un ingénieur géographe par corps d'armée (il y en a alors six). Que celui-ci soit capable de marcher à l'avant-garde de chacun des corps (donc rompu aux techniques d'observation discrètes). Qu'il demeure, en outre, six autres ingénieurs avec leur chef, un colonel, au Grand Quartier Général, capables de recevoir et d'interpréter les renseignements fournis. Qu'on donne à ce bureau, un fourgon attelé de quatre chevaux contenant tout le matériel nécessaire pour reconstituer les cartes (encres, papiers, instruments de mesure) et qu'on nomme quatre dessinateurs qui accompagneront le Grand Etat-major. Le nombre d'officiers devra être doublé le plus vite possible. Il enjoint enfin le Duc, de faire réunir au plus vite « *ce qui est strictement nécessaire* » et de l'envoyer « *tout de suite à Magdebourg* ». Le colonel Bonne est désigné comme chef du bureau topographique et se met aussitôt en route avec les éléments dont il dispose. Le 9 avril 1813, le fourgon part de Paris pour rejoindre la Grande Armée. On a rajouté dans l'équipage une presse typographique à caractères mobiles et une presse portative pour imprimer les cartes. Afin de rendre le service plus efficace, le Prince Eugène ordonne qu'il soit donné au service topographique un cheval de bat équipé spécialement pour le transport du matériel et trois bêtes de somme pour transporter les deux presses et les cartes dessinées. Ce procédé déjà expérimenté en Espagne et en Russie, a donné de bons résultats. Le fourgon, souvent embourbé à l'arrière, peinant à rejoindre les ingénieurs géographes et les privant de leur matériel, là où les bêtes suivaient au plus près.

Pendant ce temps à Paris, le bureau de la guerre ne ménage pas ses efforts afin de fournir le matériel nécessaire aux armées. La grande carte de Silésie gravée en vingt feuilles, qui appartenait au bureau topographique de l'Empereur et perdue en Russie, est remplacée par une carte manuscrite en 152 feuilles qui était la propriété du Maréchal Soult. A partir du 15 avril, on reprend le système d'envoi régulier de cartes par courriers, de sorte que tous les généraux reçoivent les jeux complets de cartes pour l'Allemagne, la Pologne et la Saxe. Chaque courrier quotidien emporte avec lui, des rouleaux de cartes afin d'en munir les officiers. La consommation est gigantesque. Bonne en réclame chaque jour encore plus car les pertes de cartes sont considérables : dans les replis, ou les « *sauve qui peut* », les cartes sont souvent perdues, volées ou détruites. Il y a une telle consommation que Muriel s'en émeut et prescrit à Bonne de limiter la distribution aux seuls officiers généraux. Il lui signale qu'au train où vont les choses « *les cuivres* [des matrices] *s'useront sans qu'il en soit résulté aucun avantage pour le Dépôt et peut être sans beaucoup d'utilité pour l'armée*[34]».

Le Bureau rejoint l'Empereur à Pegau le 4 mai. Très vite, Bonne demande à ce que le nombre des ingénieurs géographes présents passe à 16 afin, dit-il, d'effectuer correctement le service des reconnaissances ! L'état de santé des personnels rentrés de Russie rend cette demande difficile surtout que l'Empereur ne veut pas dégarnir les bureaux d'Italie et des Pays-Bas. Il devient difficile au Dépôt de la guerre de fournir les effectifs demandés pour le service à l'armée. Malgré les effectifs réduits les ingénieurs géographes s'acquittent plus qu'honorablement

---

34   Archives historiques, Dépôt de la Guerre : correspondance topographique, A 27

de leur tâche. Le service de reconnaissance en avant de l'armée est mené avec un tel zèle et une telle efficacité que les renseignements abondent. Il en arrive tellement que les relevés fournis par les ingénieurs saxons donnent, d'après Bonne, plus de renseignements qu'il n'en faut ! La topographie des champs de bataille de Lutzen et Bautzen est excellente même si les relevés fournis ne présentent qu'une moitié du champ de bataille. Dès qu'un ouvrage est achevé, Bonne s'empresse d'en faire faire une copie pour l'expédier à Paris « *de sorte que, si nos équipages étaient encore pris, nous sauverions toujours ce que vous auriez reçu* » écrit-il à Muriel après Lutzen[35].

Une autre partie du travail des ingénieurs demeure en suspens pour cette campagne. C'est le relevé du champ de bataille après l'action. Il est difficile de le faire exécuter dans une campagne où la mobilité est primordiale et où il est difficile de revenir en sécurité sur le champ de bataille tant l'ennemi est proche. Bonne lui-même trace à grand traits les plans de la bataille de Bautzen et laisse ses instructions pour que le travail soit poursuivi : « *On devra y marquer les bivouacs dont on reconnaitra encore les traces, ainsi que les emplacements où gisent les morts ; comme aussi noter les numéros des corps auxquels ils appartenaient, ou autres renseignements qui peuvent faire connaitre les*

---

35   2 mai 1813

troupes qui combattaient, toutes choses utiles à connaitre et qu'on ne devrait jamais négliger dans les levés du champ de bataille[36] ».

Toutefois malgré les succès, la campagne n'en demeure pas moins difficile. Les missions se multiplient pour les ingénieurs géographes entre la prise de renseignements, les levés topographiques et les levés des champs de bataille. Bonne écrit à Muriel : « *les reconnaissances et les levés demandés sont si considérables que dix ingénieurs de plus ne seraient pas de trop. Je suis obligé d'exiger l'impossible de ceux qui sont à l'armée ; mais en faisant l'impossible, on fait rarement quelque chose de bon et on fatigue beaucoup les hommes*[37] ». Cet état de fait entraine une certaine confusion dans le service et comme les événements se précipitent, l'armée ne se retrouve pas pourvue de tout le matériel dont elle a besoin. Le 23 mai, Bacler d'Albe écrit de Görlitz : « *près deux batailles et une quantité de combats successifs où nous avons toujours été vainqueurs, nous arrivons en Silésie. Je suis réellement dans l'embarras ; pas de fourgon, pas de cartes ! Je ne conçois rien à cette manœuvre. Ce maudit fourgon, on me le fera avoir quand la paix sera faite ! Envoyez-moi avec la plus grande célérité un morceau de la carte d'ensemble entre Dresde et le Niémen. [...] Tirez nous bien vite de*

---

36   Archives historiques, Dépôt de la Guerre : correspondance topographique, A 27
37   idem

l'embarras par estafette, coupez, s'il le faut, la pièce en morceaux transportables[38] ».

A partir de septembre, les liaisons avec le Dépôt deviennent plus difficiles. Les courriers et la poste sont arrêtés par les bandes de partisans toujours plus nombreuses en Allemagne. Le 23 octobre, Bonne écrit dans une lettre qu'il espérait qu'elle parviendrait à destination malgré les partisans, les événements conduisant à la défaite de Leipzig. Il y précise que le matériel dans les fourgons était une nouvelle fois perdu ou pillé. Le 7 novembre, il écrit de Mayence pour relater comment l'armée a dû se frayer un passage à Hanau. Il précise dans la lettre qu'il n'avait pu sauver que le travail courant et l'imprimerie typographique mais que tout le reste y compris les instruments et une partie des personnels était perdu. De son côté le maréchal Victor, chargé de défendre le Rhin, adresse une demande au dépôt de la guerre afin de récupérer tout le matériel, le personnel et les cartes possibles pour constituer son dispositif. Une nouvelle fois le bureau de la guerre doit se réorganiser et repartir de zéro pour la nouvelle campagne qui s'ouvre.

Dès janvier 1814, l'activité du bureau topographique s'intensifie une nouvelle fois. Les ingénieurs sans activité et ceux des régions encore sous contrôle, comme la Suisse, sont rappelés afin de compléter les effectifs. Il devient

---

38   Idem, A4

de plus en plus difficile de se procurer des cartes des régions nord et est de la France et l'Empereur ordonne des reconnaissances directes vers Meaux et Château-Thierry, lesquelles sont effectuées par Bonne et les officiers du bureau topographique de la Grande Armée. D'autres reconnaissances sont effectuées par les ingénieurs présents au dépôt de la guerre, sur divers points autour de Paris. Il est intéressant de voir que même sur des territoires proches de la capitale de l'Empire, les reconnaissances sur le terrain sont importantes dans le cadre d'une campagne afin de déceler les détails qui n'apparaissent pas forcément sur une carte mais qui peuvent avoir de l'importance dans le cadre d'une bataille. Toutefois, la rapidité de mouvement des armées empêche les ingénieurs géographes de faire de grands travaux topographiques in situ. Durant la campagne, ils réalisent surtout des reconnaissances afin d'éclairer l'armée, rôle alors dévolu tactiquement à la cavalerie légère. Au fur et à mesure que les alliés s'approchent de Paris, le travail du bureau de la guerre consiste à présenter au Comité de Défense, un plan pour défendre la capitale. Ces plans avaient été réalisés en 1792 face à l'avance des armées Autrichiennes et Prussiennes. Ils sont réactivés et enrichis des travaux récents. Mais très vite, il apparait au ministre de la Guerre la nécessité de mettre à l'abri les travaux du bureau topographique en l'évacuant vers des zones moins menacées. Le 17 janvier, l'évacuation commence ; les plaques gravées et les cuivres sont envoyés par voie d'eau au Havre. Les instruments, principaux livres et archives historiques, par voie terrestre, vers Rennes ou Nantes. Les cartes manuscrites, mémoires militaires et archives géodésiques sont envoyées jusqu'à Orléans puis par eau jusqu'au Havre. On ne conserve au dépôt que les meilleures cartes du théâtre d'opération. Il s'agit de faire vite, on craint les coups de main des cosaques ou des cavaliers légers alliés. En même temps, il faut garder le contact avec les bureaux d'Allemagne et d'Italie ainsi qu'avec les bureaux régionaux qui continuent leurs travaux.

L'arrivée des alliés à Paris entraine de nombreuses destructions. Le russes et les prussiens sont les plus revanchards. Le maréchal Blücher cherche à venger la Prusse des humiliations d'Iéna et Auerstedt mais surtout de la prise de Berlin. Ses cavaliers incendient, pillent et surtout traquent les prises de guerre. Les cartes et les relevés topographiques des ingénieurs géographes français deviennent des prises de choix. Russes et prussiens cherchent à pourvoir leurs propres bureaux de matériels fiables et modernes. Il faut toute la sagacité des personnels du bureau de la guerre pour arriver à soustraire les meilleures pièces à la rapacité des alliés. La cartographie de l'Europe devient un enjeu de domination géopolitique. En effet, le traité de Paris, du 30 mai 1814, comporte une clause sur les archives et les cartes. L'article 31 du traité stipule que la France devra rendre les cartes et les archives saisies dans les pays conquis. Cette restitution devra se faire sous les six mois. Leur restitution par le bureau de la guerre est une longue opération qui se poursuivra au-delà de 1816. C'est en tout 116 planches de cuivre à rendre aux alliés. Les planches concernant la Hollande, la Belgique, les états de Prusse, Piémont, Saxe, Grand-Duché de Varsovie, Russie… Ces restitutions seront compliquées par les prises déjà effectuées en 1814 par les officiers prussiens, maitres des locaux du dépôt de la guerre. Il faut recenser le matériel, le comptabiliser avant d'effectuer la restitution.

La Première Restauration apporte son lot de mouvements, de licenciements et de promotions. Louis XVIII décide de réorganiser le dépôt de la guerre. Il fait écarter les officiers jugés trop proches de l'Empereur et fait reprendre les travaux stoppés par la campagne de France. Il faut, à ce moment-là, mettre en place une commission de délimitation des frontières afin de respecter les clauses du traité de Paris qui « conservent l'intégrité du royaume de France dans ses limites telles qu'elles existaient à l'époque du 1er janvier 1792 » avec les augmentations définies dans l'article 3. Le capitaine ingénieur Lapie devient alors premier ingénieur géographe du souverain, avec ordre de rapatrier vers le nouveau dépôt toutes les cartes et archives d'importances disséminées dans le royaume, dans les palais de Saint-Cloud et des

Tuileries. Toutes les cartes d'importances qui avaient échappées aux destructions de 1812-13 et 1814 ont été emportées sur l'ile d'Elbe par Napoléon.

En 1815, au retour de Napoléon à Paris, le bureau de la guerre se transforme encore. On assiste à la valse des postes entre ceux qui quittent Paris pour suivre l'exil de Louis XVIII, ceux qui changent simplement de cocarde à leur chapeau et ceux qui viennent se mettre au service de l'Empereur. Le 20 mars, les ingénieurs géographes et les élèves du dépôt de la guerre sont conduits aux Tuileries par Bacler d'Albe qui sollicite pour eux un nouvel emploi au service du souverain et leur inscription sur les listes du « bataillon sacré », ce qui est fait avant de les renvoyer à leurs travaux respectifs. Au mois d'avril, Pierre de Belleyme[39] cède, au Dépôt de la guerre, pour une somme de 11 000 francs, les 21 plaques de cuivre, de la carte de France, qui se trouvaient chez lui. Très vite, des cartes sont tirées afin de pourvoir les comités de défense et les généraux de l'armée. Les ingénieurs

---

39   Pierre de Belleyme, né en 1747 à Bassac. C'est un ingénieur géographe du roi Louis XV. On lui doit une remarquable Carte de Guyenne, publiée à partir de 1785, plus connue sous le nom de Carte de Belleyme. Avec un total 35 feuilles de format 90 x 56 cm et 16 demi-feuilles de format 45 x 56 cm, elle constitue un outil précieux pour l'étude des circonscriptions administratives de l'époque, de la répartition de la végétation, de l'implantation et de l'étendue des villes et des sites industriels, et enfin pour l'étude des noms de lieux-dits. Il décède à Paris en 1819.

géographes employés à la délimitation des frontières sont rappelés au bureau à Paris. Chacun sent qu'une nouvelle campagne se prépare et le Dépôt de la guerre retrouve son activité. Le maréchal de camp Bernard est nommé directeur du bureau topographique de l'Empereur tandis que Bacler d'Albe prend la direction du Dépôt de la guerre. Tous travaillent au complément de la carte de Cassini afin de la moderniser et d'établir les concordances avec les cartes des pays voisins. Les puissances coalisées du congrès de Vienne ayant déclarées la guerre à la personne de l'Empereur, toute la France est mise sur le pied de guerre pour préparer la campagne à venir ! A l'armée c'est l'ingénieur Brousseaud qui est nommé auprès du Maréchal Soult, devenu chef du grand état-major impérial. L'ordre est donné d'acquérir un fourgon et de le faire équiper pour le temps de guerre. Les cartes et approvisionnements nécessaires, tant en matériels qu'en subsistances sont réunis. Or l'Empereur s'aperçoit que le fonds documentaire qu'il avait emporté avec lui lors de son séjour sur l'ile d'Elbe n'a pas rejoint son cabinet privé. Il charge le général Bertrand de faire envoyer un navire pour les lui rapporter. Hélas, les cartes ne rejoignirent jamais leur propriétaire. Si l'ordre de les charger à bord à bien été exécuté, on ne sait ensuite si le navire est arrivé en France et les cartes débarquées, ou si celui-ci a été pris par la flotte anglaise, les Autrichiens ou le grand-duc de Toscane. Dans toutes ces cartes perdues figuraient celles des départements réunis du nord, de la Belgique et de la Hollande de l'ingénieur Le Capitaine.

Au regard de ce que l'on sait des événements de Waterloo, on peut se poser la question si ce manque de cartes va jouer sur la bataille. C'est notamment le cas du fameux « chemin creux d'Ohain ». Lors des charges de la cavalerie menée par Ney le 18 juin 1815 contre les carrés anglais à Waterloo, on évoque souvent l'épisode du chemin creux. D'après Victor Hugo, ce chemin creux est un « fatal ravin » qui cause la perte de la brigade de cuirassiers Dubois, brisant l'élan de la cavalerie et expliquant l'échec des charges contre les anglais : « *Les cuirassiers venaient d'apercevoir entre eux et les Anglais, un fossé, une fosse. C'était le chemin creux d'Ohain. L'instant fut épouvantable. Le ravin était là, inattendu, béant, à pic sous les pieds des chevaux, profond de deux toises entre son double talus; le second rang y poussa le premier, et le troisième y poussa le second; les chevaux se dressaient, se rejetaient en arrière, tombaient sur la croupe, glissaient les quatre pieds en l'air, pilant et bouleversant les cavaliers, aucun moyen de reculer, toute la colonne n'était qu'un projectile, la force acquise pour écraser les Anglais écrasa les Français, le ravin inexorable ne pouvait se rendre que comblé, cavaliers et chevaux y roulèrent pêle-mêle, se broyant les uns les autres, ne faisant qu'une chair dans ce gouffre, et quand cette fosse fut pleine d'hommes vivants, on marcha dessus et le reste passa. Presque un tiers de la brigade Dubois croula dans cet abîme »*[40]. Le manque de cartes précises, perdues après le retour de l'ile d'Elbe et qui auraient donc manquées à Napoléon, peut-il expliquer cet épisode ? Tout d'abord il est peu probable que Napoléon n'ait pas eu en sa possession des doubles des cartes des départements de Belgique. Toutes les cartes étant archivées, les fonds documentaires éparpillés en 1814 ont, à peu près, été réunis après le retour de l'Empereur grâce que zèle de ceux qui les avaient soustraits aux alliés. Les marches de l'armée française sur la Sambre et le passage par Charleroi qui sépare les armées Anglo-hollandaises et prussiennes le 14 juin, tendraient à prouver que l'Empereur a une bonne connaissance du terrain et des routes, malgré les obstacles rencontrés par la cavalerie d'avant-garde de Pajol. Ensuite, comme le dit l'historien Henry Lachouque, le remblai du chemin creux se voit depuis les bases de départ des divisions d'attaque et que le chemin proprement dit est occupé par les avants trains de l'artillerie britannique. Enfin comment imaginer que le maréchal Ney, les généraux Milhaud, Wathier, Delort, les quatre généraux de brigades et les huit colonels des régiments n'aient pas vu le précipice

---

40   Victor Hugo, les Misérables, chapitre II Causette, 1862.

qui se dressait devant eux et soient tout de même passés ?

Durant la campagne l'Empereur et ses subordonnés jusqu'aux généraux de brigades disposent de cartes du théâtre d'opération. Toutefois, il faut le concéder, celles-ci ne sont pas tout à fait exemptes de reproches. Plusieurs erreurs sur les cartes joueront un rôle dans l'issue de la bataille, comme la place des fermes fortifiées ou la distance erronée du village de Mont Saint-Jean. Pour la campagne de Belgique, Napoléon dispose de la carte de Capitaine et Chanlaire, copie de la carte de Ferraris réalisée en 1795 après l'annexion de la Belgique par la France. Sur cette carte, la ferme de Mont-Saint-Jean se trouve à gauche de la chaussée, alors qu'en réalité elle se trouve à droite. Il apparait alors à certains historiens que l'Empereur et ses officiers (notamment le général Drouot) auraient confondus la ferme de la Haye Sainte et celle de Mont Saint Jean, ce qui aurait joué sur les opérations de la bataille. Napoléon, dans Le Moniteur Universel, supplément extraordinaire au numéro du 21 juin 1815, prétend que les troupes françaises ont pris le hameau de Mont Saint-Jean. Or on sait très bien que ce n'est pas le cas ! Si l'Empereur affirme avoir pris le hameau c'est parce qu'il a commis une erreur en lisant la carte : il a pris la ferme de la Haye-Sainte pour celle de Mont Saint-Jean, et a cru que le hameau se trouvait derrière la crête du terrain, 1000 mètres plus avant que sa position réelle. Une erreur sur la carte de Capitaine et la physionomie du terrain, la crête masquant la ferme de Mont Saint-Jean depuis l'observatoire de Rossome ont permis cette confusion[41]. Enfin le manque de reconnaissance directe de l'Empereur sur le champ de bataille, comme il l'avait mainte fois effectué par le passé, peut également expliquer les erreurs dans la stratégie lors de la bataille de Waterloo[42]!

Pour l'année 1815, le budget dédié au bureau de la guerre est de 400 000 francs. Mais très vite, au vu des besoins pour la campagne qui s'ouvre, il est augmenté de 70 000 francs. Le général Valazé, chargé de fortifier les passages des Vosges, reçoit les travaux topographiques de Darçon. Le général Decaen, à Toulouse, reçoit les cartes des Pyrénées de Roussel et de Gassini. Chambarlhac, sur la Saône, reçoit les feuilles de Cassini sur la région de Lyon. Le maréchal Brune à Antibes reçoit les travaux de Borgognio. Sur demande du colonel de Castres, aide de camp du maréchal Davout, ministre de la Guerre, les élèves de l'école des ingénieurs géographes sont employés aux levés des plans de défense de la

---

41   Bernard Coppens, www.1789-1815.com
42   Sur la controverse de la connaissance du champ de bataille de Waterloo, lire les travaux de Bernard Coppens, *les mensonges de Waterloo*, 2009 et ceux de Monique Pelletier, *Dislocation de l'Empire et restitution des cartes réunies pour la constitution*, 2018.

capitale[43] pour les besoins des généraux
Sébastiani et Grenier. Jusqu'au dernier moment,
le Dépôt de la guerre se trouve en intense activité
pour satisfaire les besoins des généraux sur le
terrain. Le 24 juin, les ingénieurs Guffroy et
Oppezzi rentrent à Paris, blessés, sans chevaux et
ayant perdu tout le matériel dans le tragique
retraite après la bataille de Waterloo. Le fourgon
du bureau topographique du grand quartier
général a été pris par l'ennemi, au pont de
Genappe, au soir du 18 juin.

Comme en 1814, à l'approche des alliés, l'ordre
est donné d'évacuer les réserves du bureau
topographique. Hélas les alliés avancent vite et le

---

43   C'est le cas de Peytier qui est envoyé en
reconnaissance dans les environs de Paris le 24 mai 1815.
Jean Pierre Eugène Félicien Peytier, né le 15 octobre 1793
à Genestelle. Elève à l'école Polytechnique le 1er novembre
1811. Sous-lieutenant élève à l'école d'application du corps
des ingénieurs géographes le 25 septembre 1813. Appelé à
Tours le 30 mars 1814. Rentre au dépôt de la Guerre le 12
avril 1814. Reprend ses études à l'école des ingénieurs
géographes le 1er octobre 1815. Lieutenant au corps des
ingénieurs géographes le 12 février 1817. Employé aux
travaux de la carte de France le 1er avril 1818. Employé en
mission en Grèce le 28 février 1828. Attaché à l'expédition
de Morée le 30 juillet 1828. Chevalier de la légion
d'honneur le 30 octobre 1829. Admis au corps d'état-major
le 22 février 1831. Employé au dépôt de la Guerre le 7
septembre 1831. Chef de section des opérations
géodésiques et topographiques à Morée le 21 janvier 1833.
Rappelé au dépôt de la Guerre le 31 octobre 1835. Chef
d'escadron le 2 novembre 1839. Lieutenant-colonel le 10
juillet 1848. Chef de la 1ère section du dépôt de la Guerre le
29 septembre 1850.

6 juillet, les prussiens s'installent de nouveau au Dépôt de la guerre dont ils entreprennent le pillage. Les cartes et les instruments qui n'ont pas pu être évacués, comme les ouvrages du Dépôt de la guerre hollandais, ses cartes gravées et manuscrites, sont emmenés ou détruits par les prussiens. Beaucoup d'objets et de documents ont toutefois été cachés chez des particuliers de confiance dans Paris et les alentours, notamment chez l'ingénieur géographe Sion, rue des Fossés-Monsieur le Prince, de sorte que le bureau de la guerre, à sa restructuration en novembre 1815, peut récupérer une partie de son matériel.

Au mois d'octobre 1815, les travaux du Dépôt de la guerre reprennent, comme en 1814 pour la délimitation des frontières de la France. Le général prussien Muffling dirige avec Delambre[44] la commission d'harmonisation entre l'observatoire de Paris et ceux de Berlin, Leipzig et du Seeberg. Les travaux redémarrent là où ils se sont arrêtés en 1815 et les ingénieurs géographes français, en collaborations avec leurs homologues européens, s'attèlent à la tache de la mesure d'un arc de parallèle le plus étendu possible afin de cartographier la Terre.

---

44   Jean-Baptiste Joseph Delambre, né à Amiens le 19 septembre 1749. Il est un astronome et mathématicien français. Il a été directeur de l'Observatoire de Paris et a participé, avec Pierre Méchain, à la mesure précise de la longueur du méridien terrestre, à la base de la définition originale du mètre. Il décède à Paris le 19 août 1822

Chapitre 5 : Former les ingénieurs géographes

Si l'on connait relativement bien la formation des officiers de l'arme combattante, ceux des corps techniques sont relativement moins bien connus. Pourtant la nécessité de la connaissance précise du terrain où va se dérouler la guerre est un avantage certain. Au IVe siècle, l'écrivain romain Végèce évoque déjà l'importance de la cartographie : « *Un général doit avoir un plan détaillé du pays où il fait la guerre... d'habiles généraux ont porté cette recherche au point d'avoir un plan figuré, partie par partie, ce qui les mettait en état, non seulement de raisonner avec l'officier qu'ils détachaient sur la route qu'il devait tenir, mais encore de la lui faire sentir, en quelque sorte, au doigt et à l'œil* »[45]. L'auteur ne dit pas qui réalisait ces cartes ni comment elles l'étaient. Pourtant la nécessité de posséder de tels outils apparait comme primordiale aux yeux des conquérants. Sans entrer dans une étude de la cartographie navale ou terrestre, ces cartes, portulans et ceux qui les fonts, deviennent des pièces maitresses dans la stratégie de la conquête. La réalisation de plans, va souvent de pair avec

---

45   VEGECE : *Epitoma institutorum rei militaris* (« Traité de la chose militaire »), plus connu sous le titre abrégé de *De re militari* (« De la chose militaire »), IVe siècle.

celle des fortifications. C'est ainsi que sous Louis XIV, le corps des ingénieurs géographe naissant est souvent confondu avec celui du Génie. Ces ingénieurs du Roi, comme on les nomme à l'époque, sont souvent désignés par Colbert ou Louvois. Ce sont « *des architectes, quelques savants, ou des hommes ayant montré du gout pour les constructions et qui ont été d'abord employés comme inspecteurs aux travaux* »[46].

On le voit, la réalisation de plans et cartes incombe surtout aux hommes ayant des connaissances architecturales. Bien souvent, ceux-ci ne sont ni officiers, ni rattachés aux états-majors. Leurs formations sont donc essentiellement scientifiques quelque fois artistiques. Cette confusion va régner jusqu'en 1748, date à laquelle est proposée la création du corps spécial et d'une école du Génie, distincte de celle des ponts et chaussées. Il faut toutefois attendre 1776 pour que les ingénieurs géographes soient véritablement séparés du Génie et obtiennent leur organisation définitive et leur propre formation.

La réalisation de cartes et plans s'accompagne de prises de mesures sur le terrain. Ici les mathématiciens ayant des connaissances en géodésie et en trigonométrie se révèlent indispensables. Cassini de Thury évoque la nécessité d'utiliser la triangulation afin de

---

46   AUGOYAT : *aperçu historique sur les fortifications, les ingénieurs et sur le corps du génie en France.*

coordonner les travaux des ingénieurs géographes de manière à constituer une carte d'ensemble soumise à un système de projection. Utilisant les propriétés de la méthode de Thalès (VIe siècle avant notre ère) inspirée du théorème de Pythagore, ce procédé consiste à obtenir par des visées les angles d'un triangle dont les sommets sont choisis pour leur visibilité (tour, sommet, clocher…). On enchaîne ensuite ce premier triangle à un autre qui a un côté en commun avec lui, en poursuivant la chaîne le long du méridien à mesurer. Il suffit de déterminer une base au départ, c'est-à-dire de mesurer au sol un côté du premier triangle, pour obtenir la longueur des côtés de tous les triangles. À partir d'un point de référence, on peut ainsi déterminer la position des différents points d'un territoire et réaliser un maillage. C'est cette technique qui est utilisée par Delambre et Méchain de 1792 à 1798 pour mesurer la distance entre Dunkerque et Barcelone (environ 1147 km) sur le méridien de Paris, ce qui permettra la première définition pratique et officielle du mètre en 1799. Les mathématiciens ne sont pas les seuls à œuvrer dans ce corps qui rassemble des individus venus d'horizons différents. On y trouve aussi des historiographes, dont le rôle est de consigner les événements dans leurs détails et des peintres qui doivent dépeindre la réalité des lieux, des bibliothécaires qui doivent archiver le matériel collecté.

La Révolution va transformer cette organisation, supprimant le corps et le remplaçant par une agence des cartes aux attributions variées et floues. En 1793, le représentant Calon[47], général et ingénieur géographe de formation, restructure le dépôt de la guerre. Cinq comités scientifiques sont réunis afin de travailler à la réforme et au rétablissement du corps des ingénieurs géographes. Le recrutement se fait sur une base scientifique et artistique. Parmi les hommes recrutés en 1794 on retrouve des géomètres comme Laborie, des dessinateurs comme Bahu, des élèves d'écoles spécialisées : Puissant ou Pouillard Sainte-Flore viennent des ponts et chaussées, Brigaudin vient de l'école des mines. Calon ouvre également le Dépôt de la guerre aux astronomes, professeurs de mathématiques et de dessin, afin de former les élèves et de perfectionner leurs savoirs. Il fait également entrer des traducteurs de langues, des géographes de profession pour la géographie physique, des historiographes, des topographes militaires, des graveurs. Bref, tout un savoir qui se complète dans la réalisation des cartes et des plans. On forme, à l'intérieur même du dépôt de la guerre une division spéciale, dite des « savants » qui regroupe des hommes comme l'astronome Nouet, de l'observatoire de Paris, l'astronome géomètre Perny, l'ingénieur hydrographe Tranchot, l'astronome Delambre, de

---

47   Calon Étienne-Nicolas. Né en 1726 à Granvilliers. Officier du génie, ancien député à la Législative. Général de brigade. Directeur du dépôt général de la guerre, de terre et de mer en l'an III. Il décède en 1807 à Paris.

l'académie des sciences, Gosselin, membre de l'Académie des Lettres, Million et Desmarets, géographes, Callet, professeur de mathématiques, auteur des tables de logarithmes et le physicien Laplace[48]. Cette division a pour but d'examiner les sujets scientifiques digne d'intérêt et d'orienter les travaux du Dépôt de la guerre, en même temps qu'elle prépare les programmes d'instruction des élèves ingénieurs. Elle est également à l'origine de la division des savants qui accompagnera Bonaparte en Egypte et conduira à la formation de l'Institut et de la commission qui fait adopter en 1799 le système métrique.

La rivalité de formation avec les écoles civiles comme Polytechnique ou l'école centrale des travaux publics (fondée en 1794) crée une concurrence qui dessert la formation des ingénieurs géographes militaires. Pour Calon, ces écoles permettent un réel apprentissage en mathématiques et en sciences mais elles ne suffisent pas pour la spécificité des ingénieurs géographes. A Polytechnique, les enseignements en lien avec la géographie ne représentaient qu'une petite partie du programme essentiellement liées à la perspective et à l'architecture. Les travaux sur le terrain étaient

---

48   Pierre-Simon de Laplace ou Pierre-Simon Laplace, comte Laplace, puis 1er marquis de Laplace, né le 23 mars 1749 à Beaumont-en-Auge. C'est un mathématicien, astronome, physicien et homme politique français. Il décède en 1827 à Paris.

supervisés par des officiers du génie rattachés à l'école sous la direction d'Horace Say[49]. On est loin des enseignements spécialisés concernant le métier d'ingénieur géographe.

Le 28 juillet 1796, le Directoire prend un arrêté créant une école des géographes et des aérostiers, installée à Meudon. Ces élèves sont recrutés par concours, parmi les élèves sortant de l'Ecole polytechnique. Leur nombre est de 50 dont la moitié suit immédiatement les cours de l'école, tandis que l'autre moitié passe en premier par l'école des aérostiers. Les deux divisions changent d'études à la fin de la première année ; les élèves passent donc deux ans à l'école, une année dans les études de géographie, l'autre dans l'aérostation, en commençant soit par une matière soit par l'autre. Dans les faits cette école n'a pas beaucoup de succès. Elle ne reçoit pas plus de 25 ou 30 élèves. La première année, ils ne sont que 8 qui se destinent surtout à la géographie. Contrairement aux autres écoles techniques, les perspectives d'avancement dans le corps des ingénieurs géographes sont minces. Au niveau de l'enseignement, l'école des géographes ne possède que trois professeurs ; un de mathématiques et deux de dessin. Comme les élèves proviennent de l'école Polytechnique, les connaissances en mathématiques sont déjà solides. L'enseignement porte alors sur

---

49   BRET (Patrice) : Le *dépôt général de la guerre et la formation scientifique des ingénieurs géographes militaires en France (1789-1830)*, 1989, halshs-00002880

l'astronomie, essentiellement la détermination des positions géographies, la figure de la terre, la réfraction, la théorie de la lune, celle des éclipses, des satellites, tout ce qui a trait au futur des ingénieurs géographes. Quant au dessin, il porte surtout sur le dessin topographique. En 1799, une instruction du général Meunier, directeur du dépôt de la guerre, indique, sans grande organisation, les points principaux portant sur les connaissances minimales exigées aux élèves pour être reçus comme ingénieurs géographes. Il s'agit de maitriser :

La géométrie et la trigonométrie rectiligne ;
Le dessin, à la plume et au lavis, et l'écriture moulée ;
La rédaction correcte ;
Les principes de la perspective ;
Le nivellement.

Seul le niveau en mathématiques demeure peu élevé par rapport aux élèves des autres écoles. Pour Calon, les élèves doivent, le plus possible, « *aller sur le terrain pour appliquer les connaissances théoriques qu'ils ont reçues* ». L'instabilité des années révolutionnaires apporte à la formation des ingénieurs géographes son lot de déconvenues. Le bureau topographique du Dépôt de la guerre recrutant souvent ses collaborateurs sans que ceux-ci ne sortent obligatoirement d'une école, ce qui peut donner le meilleur comme Gordon ou Pressat, tous deux admis en 1799 sans être passés par l'école, ou le pire. En outre plusieurs fois dissout ou restructuré, le corps des ingénieurs géographes peine à avoir une lisibilité et une durabilité. Malgré l'intense activité de certains de ses chefs (comme Calon) le bureau topographique et le Dépôt de la guerre dans son ensemble, se retrouvent ballotés au gré des vents des changements de l'Histoire.

L'arrivée du Consulat et de Napoléon au pouvoir, donne un nouveau souffle aux travaux topographiques. On sait l'importance quasi capitale que Napoléon attache aux cartes. Tous les projets mis en œuvre passent par l'étude systématique des cartes ; il faut donner des moyens (même si ceux-ci seront toujours inférieurs aux besoins) afin de réaliser un travail colossal. Napoléon veut tout voir, tout connaitre du sujet sur lequel il travaille. Cette volonté de connaissance va entrainer un développement extraordinaire des études géographiques[50]. Pour cela, il est nécessaire d'avoir le matériel mais aussi les hommes formés correctement. Pour Napoléon, il faut « faire vite et bien » ! Les ingénieurs géographes doivent donc s'adapter à la capacité de travail de celui qui va devenir

---

50 En Province, dès la fin de l'Ancien-Régime, de nombreuses sociétés savantes se lancent dans des études géographiques, non seulement de la France, comme une « réflexion originale du royaume, qu'ils étudient comme une réalité démographique, et unité géographique », mais aussi pour « contribuer à l'émulation de la population ». Ainsi, des érudits retranscrivent leurs voyages et décrivent les paysages et reliefs traversés en France, en Suisse et en Europe.

l'Empereur et surtout ils doivent perfectionner et moderniser leurs connaissances et leurs techniques. L'ingénieur géographe Bartholomé va s'employer à former les élèves à l'art de la gravure. Son projet est que les ingénieurs géographes soient en mesure de réaliser eux-mêmes des planches de gravures dans leurs travaux auprès des états-majors afin de leur permettre de sortir au plus vite des tirages des cartes réalisées. Si les résultats obtenus n'ont pas la prétention d'être aussi artistiques que ceux réalisés en atelier par des graveurs de métier, ils ont l'avantage d'être disponibles rapidement. L'ingénieur Hervet préconise de perfectionner la formation des élèves ingénieurs « *dans tous les sens pratiques et utiles à la guerre*»[51]. En plus des connaissances théoriques en mathématiques et dessin, il préconise l'enseignement du dessin de paysage, de perspectives afin de donner l'image la plus juste et la plus expressive possible, mais il cherche également à sensibiliser à l'observation de l'espace et à la rédaction de mémoires plus détaillés et plus complets. Les ingénieurs aux armées doivent être aptes à faire des nivellements, à utiliser différentes échelles et avoir une connaissance suffisante pour leur permettre de sélectionner les outils en fonction des travaux à réaliser.

---

51 BERTHAUT (Henri Marie Auguste) : *les ingénieurs géographes militaires, 1624-1831*, tome 1, p233, 1902, éditions Hachette

En 1802, le projet de réorganisation du Dépôt, proposé par le général Sanson, juge insuffisant le nombre d'ingénieurs formés par l'école, même s'il précise que ceux-ci sont d'excellentes recrues. Il préconise d'augmenter le nombre d'élèves mais fait supprimer l'appointement de 3 francs par jour accordé aux élèves du Dépôt. Andréossy, chef du dépôt de la guerre, considérait que l'instruction qu'ils recevaient était elle-même un salaire et qu'ils pouvaient la compléter par quelques travaux utiles ! Hervet donne un aperçu de ces travaux : « *il y a d'ailleurs des besognes subalternes qu'il serait inconvenant de donner à faire à des gens dont les talents sont employés plus utilement. Telles sont d'enluminer les cartes gravées pour y marquer les divisions militaires, celles de la gendarmerie, ou des divisions politiques ; telles sont, au moment actuel, plus de 50 cartes gravées à l'extérieur desquelles il faut écrire en lettres moulées les titres, pour le Premier Consul...*»[52].
Le Dépôt de la guerre dispose alors d'une masse d'informations considérable. Une bibliothèque de 8 000 volumes, des archives réunies en 4 000 volumes, 4 000 mémoires et descriptifs, 4 700 cartes gravées et 7 400 cartes manuscrites[53] !

---

52 BERTHAUT (Henri Marie Auguste) : *les ingénieurs géographes militaires, 1624-1831*, tome 1, p246, 1902, éditions Hachette
53 BRET (Patrice) : *Le dépôt général de la guerre et la formation scientifique des ingénieurs géographes militaires en France (1789-1830)*, 1989.

Cette masse d'information servant de base à l'enseignement de la cartographie militaire est complétée en 1802 par la réunion d'une grande commission topographique mixte, de septembre à novembre, qui fixe les normes et les signes conventionnels de la cartographie moderne. Outre les membres du Dépôt de la guerre, cette commission regroupe des hommes comme Prony et Lesage des ponts et chaussées, Decaux et Leroy des départements de la Marine et des colonies, Allent du corps du Génie, Hassenfrantz et Collet-Descotils de l'école des mines. Cette commission rationnalisant les signes utilisés en cartographie, est doublée en janvier 1803 par une autre commission réunie autour de Sanson et du mathématicien Lacroix de l'Institut afin de déterminer la projection à utiliser à l'avenir sur les cartes. Toutes ces nouvelles mesures s'appliquent dès lors dans la formation des futurs ingénieurs. Afin de parfaire celle-ci, Clarke, Brossier, Andreossy et Sanson augmentent les programmes destinés à l'admission dans le corps des ingénieurs géographes.

L'école des géographes ayant cessé d'exister par décision du Premier Consul, le statut des ingénieurs devient précaire. Pour Bonaparte, l'école des géographes faisait double emploi avec Polytechnique, d'autant plus que la part des mathématiques y était plus faible ; Polytechnique proposait même l'admission au dépôt de la guerre des élèves se destinant à la carrière d'ingénieur géographe. La part des mathématiques est alignée sur celle de Polytechnique. Pour l'entrée à la formation spécifique du Dépôt de la guerre les élèves doivent maitriser : l'arithmétique, la géométrie, la trigonométrie rectiligne, l'algèbre jusqu'aux équations du 3e degré, le dessin de la figure de paysage, l'écriture, bien soignée et orthographiée.

On le voit, les conditions d'entrée à la formation du dépôt de la guerre nécessitent des connaissances supérieures à celles qui étaient de rigueur auparavant. Pour l'admission comme officier ingénieur géographe, les candidats doivent satisfaire à la maitrise des notions suivantes : l'arithmétique, la géométrie, la trigonométrie rectiligne et sphérique, l'algèbre et son application à la géométrie. La construction et projection des cartes géographiques, l'emploi des différents instruments dont on se sert pour la levée des plans et le nivellement, le dessin de la figure, du paysage et des cartes géographiques et topographiques, soit au lavis, soit à la plume, l'indication des différents signes que l'on emploie sur les cartes, les moyens les plus exacts pour figurer avec la castramétation, la fortification de campagne. Les nouvelles mesures, leurs noms et leurs bases (distances, volumes et surfaces). Les reconnaissances militaires.

Afin d'être admis aux grades supérieurs (les deux premières classes), les officiers géographes devront maitriser : les sections coniques, le calcul infinitésimal et des éléments d'astronomie ainsi que leur application aux opérations trigonométriques et géodésiques.

Si l'école des topographes militaires, voulue par Andréossy, ne vit jamais vraiment le jour, les élèves admis au dépôt de la guerre vont recevoir un enseignement supérieur à celui de l'école des géographes. Au Dépôt de la guerre, Hervet et Béraud ont la charge de la supervision des études en plus de leurs cours sur le dessin et le lavis de carte. Bartholomé se charge de la gravure à l'eau forte, Bacler d'Albe assure l'enseignement sur « *le paysage, les dessins de la topographie des montagnes et autres parties de l'art graphique* », tandis que Moynet assure l'enseignement des mathématiques. Il complète ses enseignements par des cours sur les opérations de mesure de base sur le terrain, triangulation, travaux pratiques à la planchette et à la boussole. Mais le nombre des candidats demeure faible. Dans l'ombre de Polytechnique, la carrière d'ingénieur géographe ne propose que peu d'avancement ; les professeurs peinent à trouver des élèves, si bien que, très vite, ils quittent les bâtiments du Dépôt, comme Bacler d'Albe ou Moynet, pour des missions en Italie. Sanson et Prony vont alors proposer à la section de la guerre au Conseil d'Etat de nouveaux projets pour la formation d'une Ecole spéciale de Géographie qui se heurte à l'hostilité du général Gouvion Saint Cyr, lequel considérait même que les ingénieurs géographes étaient inutiles et qu'on pouvait très bien faire effectuer le travail à des officiers du génie ou aux officiers d'état-major. La militarisation de l'école Polytechnique en 1804 par décision du 1er Consul met un coup d'arrêt aux dernières tentatives du général Lacuée d'obtenir la création d'une école spéciale. Dès lors les enseignements de géographie allaient être renforcés au sein de cette dernière, Gay de Vernon et Castres de Vaux, ingénieurs au dépôt, se chargeant des enseignements.

Pendant des années, Sanson va plaider pour la création d'un statut propre aux ingénieurs géographes et pour une formation spécifique. C'est en 1808, depuis Burgos en Espagne, que Napoléon décide de doter le corps d'une véritable organisation. Définitivement décrétée en janvier 1809, le corps des ingénieurs géographes militaires voit le jour. Le 30 octobre de la même année, c'est l'Ecole impériale des ingénieurs géographes qui est créée sous l'autorité du directeur du Dépôt de la guerre avec l'accord de Clarke, le tout sous la tutelle pédagogique de l'école Polytechnique. L'école, dirigée par Puissant, propose les enseignements spécifiques à la formation des ingénieurs géographes, complémentaires des enseignements scientifiques de Polytechnique. Ces enseignements sont dispensés par trois ingénieurs géographes qui se répartissaient les taches : un professeur de mathématiques appliquées, un professeur de dessin de la carte et un autre pour le dessin des paysages et la gravure. Une commission, composée du directeur, des trois professeurs et d'ingénieurs désignés annuellement, devait se réunir une fois par trimestre pour évaluer les élèves et proposer des améliorations aux enseignements. Au premier trimestre, les étudiants reçoivent des enseignements consacrés à la théorie et à la pratique des calculs géodésiques, du dessin topographique et du paysage, tandis que le deuxième semestre est consacré aux levés sur le terrain, à leur transposition au net et à la rédaction des rapports. La formation était complétée par des cours d'astronomie et d'observation sur le terrain. En plus de ces enseignements scientifiques, l'école va ouvrir aux « *connaissances accessoires* » telles que la physique et la chimie, l'économie, l'histoire, les enseignements militaires et les langues. C'est un enseignement complet que reçoivent les futurs ingénieurs. Cette vision large s'inscrit bien dans la vision moderne de leur mission dans le cadre de la guerre voulue par l'Empereur. Ces hommes doivent être formés aux techniques scientifiques mais doivent également recevoir un enseignement large leur permettant de tirer parti de tous les renseignements qu'ils pourront glaner sur le terrain lors de leurs futures missions. En même temps qu'un technicien accompli, l'ingénieur géographe devient également un officier de renseignements moderne. La pérennité de l'école, au-delà de l'Empire, prouve bien la pertinence des enseignements, la qualité de la formation et l'adaptation de la fonction à la guerre moderne.

Chapitre 6 : L'uniforme : la marque de la fonction

Comme beaucoup d'officiers de cette époque, la tenue de l'ingénieur géographe comporte une grande tenue, celle des grandes occasions et une tenue de travail, utilisée pour tous les jours ou pour les événements plus modestes.

A l'origine les ingénieurs géographes n'étaient pas dotés d'un uniforme spécifique. Ce n'est qu'en 1732, les derniers de toute l'armée, qu'ils obtiennent une tenue distinctive. Celle-ci est composé d'un habit de drap rouge, avec parements de drap bleu, culotte rouge, chapeau galonné d'or. La tenue est la même que celle des officiers du Génie. Mais cette couleur, très voyante, avait attiré bien des inconvénients aux ingénieurs des armées du Roi, notamment lors des sièges et des reconnaissances. En 1744, la couleur de l'uniforme est changée, les ingénieurs adoptent d'abord le gris de fer puis le bleu de roi avec parements et collet rouge.

La Révolution entraine la disparition des emblèmes royaux et des corps rappelant la Monarchie. Disparaissant en 1791 au profit du Génie, les ingénieurs géographes en adoptent l'uniforme. L'arrivée de savants, civils pour la plupart, lors de la réforme de 1793, entrainant la constitution du bureau de la guerre, offre une bigarrure de tenues au sein de la division des savants. Pour les militaires qui s'y rattachent, le général Calon, chef du bureau, propose un habit de drap bleu national croisé, d'un pantalon de même couleur et d'un gilet blanc. L'habit porte des boutons dorés, frappés du faisceau de licteur et entouré de l'inscription « ingénieur de la république française » en lettres capitales. L'uniforme des chefs de sections se distingue par un galon doré au collet et aux parements. La différence avec l'habit de travail consiste dans le port ou non des épaulettes de grade. Au dépôt, les ingénieurs ne portent ni épaulettes ni plumet au chapeau, mais dès qu'ils rejoignent l'armée ils arborent de nouveau les insignes de leur grade et fonction. Les ingénieurs et astronomes civils portent la tenue sans épaulettes, mais aux armées ils perçoivent les mêmes rations que les officiers. Certains portent encore l'uniforme de leur corps d'origine, tel l'ingénieur Maissiat[54], ingénieur

---

54 Maissiat Michel, né en 1770 à Nantua, Ain. Elu lieutenant au 5e bataillon de l'Ain le 15 août 1793. Son colonel, Joseph Verchère, l'emploie dans les compagnies de génie sur le Rhin. Ingénieur géographe en 1795. Capitaine dans le corps des ingénieurs géographes le 23 septembre 1800. Chef d'escadron le 26 février 1814. Il s'oriente dès lors vers la topographie militaire des départements du Mont-Tonnerre, de la Sarre, de Rhin et Moselle et de la Roër. En 1818, il est nommé professeur de topographie à l'école d'application du corps royal d'état-major. Chevalier de Saint-Louis et de Danemark. Il est l'inventeur de plusieurs instruments de géométrie. Chevalier de la Légion d'honneur. Il décède pauvre à Paris en 1822.

géographe à l'Armée du Rhin, lieutenant d'infanterie attaché par le général en chef au service des reconnaissances, qui par la suite sera nommé ingénieur après en avoir suivi la formation.

La période révolutionnaire et le début du Consulat apportent leurs lots de changements comme nous l'avons vu. A chaque fois, les ingénieurs géographes ont suivi les modes, tantôt avec un habit propre, tantôt avec l'habit du corps du génie.

En 1802, le projet de réforme proposé par Sanson prévoit de doter les ingénieurs géographes militaires d'une nouvelle tenue. Ceux-ci portent alors la tenue des officiers du génie, où la tenue des personnels d'état-major. Au Dépôt, c'est Bartholomé qui est chargé de dessiner le nouvel uniforme. Celui-ci est constitué d'un habit de drap bleu national, doublé de même, avec collet et parements droits en drap aurore. Les boutons sont dorés et frappés d'une sphère entourée de deux branches, l'une de chêne et l'autre de laurier. Les boutons portent la légende : « Ingénieur géographe du Dépôt de la Guerre ». Les ingénieurs portent l'épaulette en rapport avec leur grade. La veste est en drap blanc, la culotte en drap bleu, le chapeau, bicorne est uni, sans plumet, orné d'une ganse en galon d'or retenant la cocarde aux couleurs nationales. Ils portent l'épée avec la dragonne d'or, correspondant à leur grade. Une fois dessinés, les calques concernant les détails du nouvel uniforme sont envoyés aux chefs des bureaux topographiques régionaux. L'attrait pour le nouvel uniforme se transforme vite en inquiétude quant à sa réalisation. Ainsi en mai 1804, Epailly, alors en poste à Hanovre, écrivait à Tranchot au dépôt de la guerre à Paris : « *un de nos camarade m'a envoyé un huilé des galons et passementeries, par lequel j'ai vu qu'on avait semé partout des triangles et des sphères. Pourtant, cette profusion mise à part, il faut convenir que Bartholomé a mis assez de gout dans ses dessins ; les épaulettes sont d'un assez bon style[55]*». Le changement d'uniforme est assez bien accueilli par les ingénieurs géographes qui y voient une marque de reconnaissance. En leur donnant un uniforme spécifique, nul doute alors que le corps obtienne une stabilité et une pérennité qui lui avait jusqu'alors fait défaut. Toutefois, si dans un premier temps les ingénieurs font changer leurs cols bleus ou rouges par des cols aurore, très vite ils doivent supporter, par des retenues sur leurs appointements, le cout de la fabrication des boutons et des plaques de ceinturons spécifiques au corps. Ces effets demeurant au dépôt de la guerre, chaque ingénieur devait alors s'y adresser afin de recevoir ces effets, ce qui pouvait entrainer des retards de livraison et des manques pour les postes les plus éloignés. De plus, la solde

---

55 BERTHAUT (Henri Marie Auguste) : *les ingénieurs géographes militaires, 1624-1831*, tome 1, p252, 1902, éditions Hachette

n'étant pas versée régulièrement, on imagine bien que ces pièces spécifiques vont passer au second plan derrière les postes de dépenses plus « essentiels » comme la nourriture ou le matériel de topographie. Les ingénieurs géographes vont conserver durant l'Empire cet habit « à la française » bleu de roi, distingué d'aurore. Les différentes représentations qui nous sont parvenues, celles de Vernet ou d'Adam, nous montrent généralement des ingénieurs vêtus de l'habit bleu foncé au col distingué d'aurore, bouton jaune aux attributs du corps (aigle couronnée ayant des foudres dans les serres, posée sur un globe terrestre). En fonction, ils sont souvent représentés en habit de petit uniforme à pans agrafés, culotte de toile blanche, bottes à retroussis sans parements de couleurs aux manches ou aux basques. L'habit de grand uniforme était de même, mais avec parements aurore aux poignets, poches en travers à trois pointes avec trois boutons, pans cousus et chapeau d'officier. Souvent dans les représentations, les différences portent sur les basques (avec ou sans distinctives aurore) et les attributs de retroussis (d'un modèle spécifique, foudres de l'état-major ou simple bouton d'uniforme). Les officiers détachés auprès de la Garde ou du Grand Etat-Major impérial portent l'aiguillette distinctive[56].

---

56 PIGEARD (Alain) : « les ingénieurs géographes An XII-181 » in revue *Tradition Magazine*, pp 31-34, février 2000

On imagine toutefois bien le dénuement dans lequel se trouvent les ingénieurs géographes lors des campagnes napoléoniennes. On a déjà évoqué les problèmes liés à la solde. Comme dans tous les corps d'armées, l'éloignement de « l'œil du maître » peut entrainer un certain relâchement, voire une certaine fantaisie, y compris chez les officiers. Comment était porté le chapeau ? Sans doute selon les modes, soit en bataille au début de l'Empire[57], soit en colonne après 1809. Les boutons de la Garde sont parfois observés lorsque les ingénieurs sont dans l'impossibilité de se procurer les boutons du corps. Certaines représentations plus récentes, trouvées dans les « cahiers de la Giberne », celles de Toussaint, Humbert, JOB, Bucquoy ou Patrice Courcelles, mais également les planches couleurs tirées des fascicules « Ospreys », nous donnent des images plus détaillées de ce que pouvaient être les officiers de ce corps si particulier des armées impériales. Bien sûr je n'ai évoqué ici, que les uniformes des ingénieurs géographes français, mais on peut aussi imaginer les uniformes des ingénieurs étrangers qui vont œuvrer auprès de la Grande Armée. Les Hollandais, les Wurtembergeois, les Badois et les Bavarois dans leurs uniformes nationaux, sans

---

57 Plus pratique pour le service des instruments de visées, même si les représentations nous montrent les ingénieurs au travail souvent tête nue

.

oublier les Italiens à l'uniforme dont la coupe rappelle l'uniforme français mais de drap vert distingué d'aurore. C'est dans ces uniformes alliant l'élégance, la rigueur scientifique et l'éclat de la couleur aurore, que les ingénieurs géographes vont prendre part aux campagnes de l'Empire et aux travaux géodésiques dans une Europe secouée par les changements de l'Histoire. C'est dans ces uniformes qu'ils vont remplir les missions les plus périlleuses, souvent loin de la présence de Napoléon et de la plume des mémorialistes.

Ingénieur Géographe en grande tenue à cheval au règlement de 1809. Infographie Marc Morillon.

Ingénieur géographe en tenue de travail à la planchette. Il se sert d'une alidade à lunette pour faire ses relevés. Infographie Marc Morillon

Partie II

Les ingénieurs géographes, les yeux de l'Empereur

Chapitre 1 : Les « 007 » du bureau de la guerre[58].

De prime abord, la position de l'ingénieur géographe semble confortable au sein des armées impériales. On imagine mal l'ingénieur risquer sa vie sur le champ de bataille comme le fantassin ou le cavalier, on ne le voit pas tirer le charroi ou les pièces d'artillerie. L'ingénieur géographe est le « planqué », le « loin des balles », plus accoutumé à la poussière des études, qu'à la fumée de la poudre.

La mission de l'ingénieur commence bien en amont de la bataille. Ses missions sont bien souvent des missions de renseignement. Dans une guerre moderne comme celle menée par Napoléon, le renseignement revêt une importance capitale. Tout ce qu'il est possible de savoir devient fondamental. Le bureau de la guerre se

_____

58 Allusion au célèbre « espion de sa majesté britannique », le fameux James Bond, 007 !

lance donc, par l'entremise de ses ingénieurs, dans l'achat de cartes, rapports, livres[59], toutes les informations qui peuvent être utiles à la connaissance des pays que l'armée va devoir traverser. Les informations sont également recueillies au sein de la population. Les ingénieurs géographes se transforment alors en observateurs attentifs, en espions pourrait-on dire[60]. Certains sont envoyés en avant, dans les pays encore neutres ou dans les pays ennemis, afin d'observer les routes, les ponts, voire, d'obtenir des renseignements sur les concentrations de troupes. Ces missions se font « incognito », en civil, munis parfois de faux papiers ou de passeports diplomatiques. En 1799, le général Calon brosse le « portrait » de l'ingénieur géographe : « *il faut, pour être un bon ingénieur géographe, s'être rompu de bonne heure aux fatigues incroyables de ce métier, s'être exercé à saisir au simple coup d'œil les positions les plus détaillées, avoir contracté l'habitude physique nécessaire pour ne point être arrêté dans ses opérations par l'intempérie des saisons, savoir opérer en présence d'une armée*

---

59 Achat ou échange de livre. Le 20 messidor an XII, le colonel directeur des plans reliefs des places fortes, adresse au général Sanson « cinquante exemplaires du 2e n° du mémorial de l'officier, en échange d'une même quantité d'exemplaire de votre mémorial ».

60 Lire à ce propos l'excellente collection des « Aventures du colonel de Sallanches, ingénieur géographe au service de l'Empereur » de Jacques Sudre.

ennemie »[61]. On peut constater que la vie de l'ingénieur est rude et son coup d'œil doit être exact. Les missions sont nombreuses et variées. Les fonds secrets du Dépôt de la guerre servent à alimenter des réseaux de renseignements parallèles payant les informateurs civils ou parfois militaires et alimentant les réseaux d'espionnages impériaux comme celui du célèbre Schulmeister[62]. Pour Jomini[63] : « *Un général ne doit rien négliger pour entre instruit des mouvements de l'ennemi, et employer à cet effet des reconnaissances, des espions, des corps légers conduits par des officiers capables, enfin des officiers instruits chargés de diriger aux avants gardes les interrogatoires des prisonniers* »[64].

---

61 In BERTHAUT (Henri Marie Auguste) : *les ingénieurs géographes militaires,* 1624-1831, tome 1, p162, éditions Hachette, 1902

62 Charles Louis Schulmeister (Karl Ludwig Schulmeister), né le 5 août 1770 à Neufreistett dans le pays de Bade et mort le 8 mai 1853 à Strasbourg-Meinau, est resté célèbre pour sa carrière d'espion à la solde de Napoléon Ier.

63 Antoine Henri, baron de Jomini, né le 6 mars 1779 à Payerne (Confédération des XIII cantons, Suisse) et mort le 22 mars 1869 à Paris (France), est un historien et stratège militaire suisse. Il a fait partie des États-majors de Napoléon et du tsar Alexandre Ier. Auteur en 1838 du *Précis de l'art de la guerre.*

64 Jomini : *Tableau analytique des principales combinaisons de la guerre et de leurs rapports avec la politique des Etats*, Saint Pétersbourg, Bellizard, 1836, p314.

Aux armées, ces informations recueillies en avant des troupes par des reconnaissances discrètes, alimentent le « service de renseignement » du Major Général de la Grande Armée, le maréchal Berthier. C'est le 4e bureau, chargé de la police secrète et du renseignement, qui voit arriver « *tout ce qui a rapport aux espions, aux correspondants secrets ou renseignements particuliers que l'on peut désirer ou se procurer ainsi qu'aux prisonniers de guerre faits dans chaque affaire* »[65]. Ce système de renseignement fonctionne comme une toile d'araignée. Tous les états-majors divisionnaires sont pourvus d'un cabinet de renseignement, qui répercute à l'Etat-Major Général de la Grande Armée, les informations recueillies. Au grand quartier général, c'est l'adjoint au chef d'état-major qui rassemble les renseignements. Les données sont actualisées journellement sur des fiches contenues dans une boite fermée à clef et gardée dans la tente du maréchal Berthier. Cette astucieuse boite à fiches permet d'avoir une connaissance parfaite des forces ennemies et de leur localisation. Des cartes figurant les profils en couleurs des uniformes des régiments de l'armée ennemie permettent de connaitre leur emplacement qui est tout de suite reporté sur une carte. Un fichier avec le nom du colonel du régiment, l'effectif et l'appartenance à une armée

---

65 THIEBAULT (Paul Charles François) : *Manuel général du service des états-majors généraux et divisionnaires dans les armées*, Paris, Magimel, 1813, p 46

donne ainsi tout l'organigramme détaillé, à l'homme près, des forces ennemies en présence. Du chef de l'armée au nom du colonel commandant un régiment, du nombre de canons aux nombres de soldats dans les bataillons, rien n'échappe à la connaissance de l'Empereur. Celui-ci fixe le « plan de renseignement tactique » : « *A cet égard, les questions les plus importantes à faire sont :*

1. *Où sont les quartiers généraux en chef ou divisionnaires de l'ennemi ?*
2. *Sur quel point y a-t-il des généraux, quels sont leurs noms, leurs grades, leurs caractères etc. ?*
3. *Où est le parc d'artillerie et la réserve de cavalerie, et quelle est leur composition ?*
4. *Quels sont les noms et la force des corps qui sont dans chaque ville, village, camp ou bivouac, si ce sont des troupes nationales ou étrangères et notamment combien il y a de pièces de canons sur chaque point.*
5. *Si l'ennemi concentre ses troupes ou les divise ?*
6. *Quelles sont les mesures que prend l'ennemi pour ses vivres, pour ses transports, pour ses hôpitaux, attendu que ces renseignements feront connaitre s'il compte occuper longtemps ses positions et s'il dispose d'un mouvement offensif de manœuvre ou rétrograde ?*

7. Comment les troupes sont nourries, vêtues, soldées, si elles sont contentes, quelle est la proportion des malades, quelles sont les maladies régnantes, quelle est la mortalité etc.?

8. Si l'ennemi fait mouvoir ses troupes, s'il les meut de jour ou de nuit par masses, corps ou détachements, parce que ces détails feront juger s'il manœuvre pour gagner du temps ou pour donner le change sur les mouvements qu'il projette ?

9. S'il attend des renforts, quels sont ces renforts, d'où ils viennent et quand on les attend ?

10. Si l'on passe fréquemment des revues de troupes, si ces revues sont d'inspection ou de manœuvres, si elles se font par division ou par corps ?

11. Si l'ennemi fait faire des travaux de fortification, quels sont les points qu'il retranche, comment il les retranche, combien il y a d'ouvriers sur chaque point ? »[66].

Ainsi, les reconnaissances menées par les ingénieurs géographes contribuent à façonner la stratégie napoléonienne. Ces reconnaissances sont souvent périlleuses car elles se font en pays ennemi. En civil, l'ingénieur peut être qualifié,

---

66 ARBOIT (Gérald) : *Napoléon et le renseignement, Note* historique N°27, Centre Français de Recherche sur le Renseignement.

s'il se fait prendre, d'espion par l'ennemi. La sentence est sans appel en temps de guerre ; après un désagréable moment passé à l'interrogatoire, c'est bien souvent l'exécution par un peloton constitué. En uniforme, l'ingénieur peut être capturé selon les lois de la guerre, surtout que son escorte est souvent très réduite. Les chefs de corps rechignent à donner aux ingénieurs des escortes puissantes, alors qu'ils ont, eux-mêmes, besoin de leurs meilleures forces pour combattre l'ennemi. Toutefois les pertes des ingénieurs et les risques encourus poussent Napoléon à réfléchir à la création d'une unité de protection dévolue aux ingénieurs. En 1807 au camp d'Osterode il fait rédiger un mémoire sur la création d'un corps spécial de guides : « *La parfaite connaissance du terrain est d'une importance majeure à la guerre ; l'art de transmettre des idées claires et précises sur cette matière, quoique simple en apparence, exige cependant une grande habitude, qui, indépendamment du talent, ne peut se rencontrer que dans des personnes qui en font leur objet unique, sans être distraites par d'autres soins ou d'autres devoirs. Sur ce point de vue, les ingénieurs géographes sont peut-être les seuls qui puissent prétendre exclusivement à être employés avec succès dans cette sorte de travail. Les nombreuses reconnaissances qui sont sorties de leurs mains dans la campagne d'Autriche* [1805] *et dans celle qui a eu lieu contre la Prusse* [1806] *ont eu l'approbation de Sa Majesté, quant à l'exactitude et la perfection ; mais elles ont presque toutes eu le malheur d'arriver trop tard et lorsque leur urgence était de beaucoup diminuée. Cette lenteur dans les opérations de ces officiers tenait surtout de l'état d'isolement où ils sont à l'armée, formant moins un corps qu'une société, abandonnés presque toujours à eux-mêmes et à leurs propres ressources. Sans moyens de correspondance avec le bureau topographique, ayant tout au plus la voie de la poste, ou celle que leur offre les commandants de place ou les états-majors des corps, leurs rapports sont nécessairement très longs et souvent impossibles. Il semble cependant que l'objet principal des ingénieurs géographes devrait être de devancer l'armée pour observer dans les petits détails la nature et les ressources du pays dans lequel on va se porter et de faire parvenir leurs travaux au général en chef, qui, informé par eux, serait toujours en état de se décider sur le champ, toutes les fois qu'il ne s'agirait que d'agir suivant les localités. L'envoi d'ingénieurs isolés aux avant-gardes de l'armée ne remédierait qu'imparfaitement à ce défaut, parce qu'ils y seraient réduits à leurs seules ressources individuelles et surtout manqueraient de moyens de correspondance immédiates avec leur bureau, les chefs de corps ne se séparant qu'avec peine de leur monde pour donner des escortes ou des ordonnances à un officier étranger. Il est également nécessaire que les ingénieurs géographes ne soient pas envoyés seuls et sans escortes, pour qu'ils ne soient pas troublés dans leurs travaux par des paysans mal intentionnés, des maraudeurs, des coureurs ennemis, etc..., ainsi que cela est arrivé l'an dernier en Styrie et en Basse-Autriche et cette année sur l'Oder et la Vistule, ce qui a l'inconvénient de laisser suspendu le travail de l'officier tué ou fait prisonnier, et souvent de rendre inutile ou incapable d'être mis ensemble les travaux de ses camarades qui doivent s'y rattacher ».*[67] On le voit, dans ce dernier passage, le travail de l'ingénieur passe avant tout. Il est même plus important que l'ingénieur lui-même, que l'on peut remplacer (même si en 1807 ils ne sont que 90) et même plus important que le matériel (qui est fort cher et que l'on peine à remplacer quand celui-ci est perdu). Dans ce mémoire, Napoléon amorce alors une solution : *« Si on admet ces vérités comme incontestables, il est clair que le meilleur moyen de parvenir aux conséquences qui en dérivent serait d'attacher aux ingénieurs géographes un corps à cheval, qui, comme eux sous les ordres immédiats du major-général, accompagnerait les ingénieurs dans leurs travaux et porterait la correspondance entre eux et leur chef. Ce corps, créé à l'instar de celui que les autrichiens appellent dragons de l'état-major pourrait le surpasser de beaucoup en utilité et avoir un objet beaucoup plus*

---

67 BERTHAUT (Henri Marie Auguste) : *les ingénieurs géographes militaires, 1624-1831*, tome 2, p53, 1902, éditions Hachette.

important »[68]. Hélas, le manque de moyens, les pertes de la campagne et les besoins croissants de la cavalerie ne permettent pas la naissance de ces guides destinés à protéger les ingénieurs géographes. Dans les campagnes qui vont suivre, comme dans celles qui ont précédé, ils vont devoir s'en remettre à leurs seules ressources qui malheureusement s'avèrent souvent insuffisantes.

L'Espagne devait devenir, à l'instar du reste de l'armée, un véritable cauchemar pour ces hommes laissés sans protection. Leurs travaux y sont régulièrement interrompus par la population espagnole, voyant en eux des espions, bien sûr, mais également des proies faciles. Les courriers sont tués par les insurgés, les rapports et les travaux qu'ils transportent, perdus. Le 7 septembre 1808, l'ingénieur Defransure disparait en Nouvelle Castille ; le 20, Lerouge qui devait le rejoindre est obligé de renoncer à sa mission après avoir été attaqué par des guérilleros. Courant 1809, le Dépôt de la guerre ordonne tout de même aux ingénieurs de l'armée d'Espagne d'effectuer les travaux de triangulation sur le terrain. L'ingénieur Delahaye est précipité du haut d'une terrasse de plus de 6 mètres de hauts avec son matériel par la foule en colère. En novembre, l'ingénieur Bayard, parti sur les routes d'Aranda à Soria et de Soria à Burgos avec une escorte de 25 cavaliers disparait sans laisser de traces. Les exemples sont nombreux en Espagne

---

68 Idem

et vont se vérifier également en Russie où le terrain à couvrir est immense et les paysans Russes aussi dangereux que les Espagnols. Ainsi le général Sanson et l'ensemble du matériel du bureau topographique sont pris par les cosaques lors d'une reconnaissance vers le sud après le départ de Moscou en 1812. Le manque d'effectif en ingénieurs géographes pousse Napoléon à envoyer en reconnaissance des officiers spécialistes d'autres corps, comme le général Haxo, officier du génie, à Waterloo. Ces officiers partis en reconnaissance peuvent être des aides de camps, des officiers du génie ou de cavalerie. Mais ces officiers n'ont pas le regard de l'ingénieur géographe. Aussi Napoléon insiste souvent pour que ces officiers soient, dans la mesure du possible, accompagnés d'un ingénieur : « *il ne s'agit pas d'un contrôle de leur part, ils constituent une seconde voie d'information* »[69].

Pour Napoléon, les ingénieurs géographes sont véritablement « ses yeux » sur le terrain. Sa correspondance avec le maréchal Berthier et avec les chefs des différentes armées de l'Empire, compte une centaine d'instruction d'ordre topographique. En 1809 Napoléon édicte une véritable norme de recueil de l'information géographique sur le terrain : « *Une méthode*

---

69 LEWAL (Jules) : *Etudes de guerre. Tactique des renseignements Vol1*, Paris, Dumaine, 1881, p155.

précise est la seule qui convienne à l'Empereur. On annoncera la longueur des chemins et leur largeur, leurs qualités ; on dessinera exactement les détours des chemins, qui souvent ne peuvent s'expliquer que par la bizarrerie du terrain. Les rivières doivent être aussi tracées et mesurées avec soin, les ponts et les gués marqués. Autant que possible, on cotera les hauteurs des collines et des montagnes, afin qu'on puisse facilement juger les points dominants ; ces cotes ne doivent être que relatives entre elles. On ne peut sur ce point, et sur beaucoup d'autres, entrer dans des détails trop minutieux ; mais il faut exprimer, toujours de la manière la plus simple comment la chose se peint à l'œil et à l'observateur. [...] Il y aura une échelle constante pour tous les dessins »[70]. On le voit ici, le travail de renseignement des ingénieurs géographe doit conduire à l'élaboration d'une véritable « carte d'état-major » avant l'heure (elle ne verra le jour qu'en 1827). Gageons que les ingénieurs géographe, qui dès 1818 se mettront au travail pour établir cette œuvre seront, au mieux, issus des écoles d'ingénieurs impériales, voire d'anciens ingénieurs géographes impériaux qui auront suivi à la lettre les indications de l'Empereur.

---

70 Correspondance militaire de Napoléon Ier, extraite de la *correspondance générale et publiée par ordre du ministre de la Guerre*, vol 6, Paris 1876, n°1179, ordres concernant le service et l'emploi des ingénieurs géographes du 9 aout 1809.

Toutefois cette « machine » destinée à renseigner l'Empereur a ses limites. Quelle confiance accorder aux renseignements fournis par des espions et des transfuges ? Les services secrets de l'ennemi peuvent également fournir de fausses informations destinées à tromper les services français. Les informations doivent donc être vérifiées mais à la guerre où l'exécution prime et où la rapidité est un atout, le temps manque souvent pour confirmer les renseignements pris. Ainsi en 1806, Napoléon pense affronter le gros de l'armée prussienne à Iéna alors que c'est le maréchal Davout qui le rencontre à Auerstadt. De plus l'Empereur élude souvent certaines informations lorsque ces renseignements ne correspondent pas à ses vues. En avril 1811, le général Bacler d'Albe, chef du cabinet topographique de l'Empereur, reçoit du bureau de la guerre une note de service sur la « Description géographique et statistique de la Russie ». Ce rapport est réalisé d'après des traductions françaises d'ouvrages allemands parus deux ans plus tôt. Ce travail minutieux comporte une foule de détails sur le peuple russe et le territoire de la Russie d'Europe. Il est pourtant accueilli fraichement par le bureau topographique du cabinet personnel de l'Empereur alors qu'il *« dissipait les trois illusions qui allaient perdre Napoléon : croyance que les serfs se soulèveraient contre le Tsar dans certaines régions à l'arrivée de la Grande Armée ; tentative de faire dévaluer le rouble en fabriquant de faux billets ; méconnaissance du climat* »[71].

Sur le terrain, les renseignements fournis par le corps des ingénieurs géographes trouve également ses limites dans l'exécution des ordres reçus. La complexité du travail de levé, de métré et le temps demandé pour le réaliser font que les informations arrivent souvent trop tard pour être exploitées. De plus, il faut du temps pour vérifier les informations de manière secrètes afin de différencier la fausse information de la vraie. La situation des armées évoluant rapidement, ces informations sont souvent obsolètes au moment où elles arrivent sur le bureau de l'Empereur ou de son chef d'état-major. « *De même, la qualité du travail des ingénieurs géographes pendant ses opérations s'était souvent bornée à faire connaitre plus en détails le pays parcouru par l'armée, ou tout au plus à transmettre par la levée des champs de bataille l'image de ces théâtres de la gloire de l'Empereur* »[72]. A cette époque, les cartes demeurent lacunaires en matière de renseignements et nécessitent un complément d'information que les ingénieurs géographes doivent réaliser. Toutefois, les reconnaissances menées à cet effet ne se limitent

---

71 TULLARD (Jean) : « Le dépôt de la guerre et la préparation de la campagne de Russie » in *Revue Historique des Armées*, n°97, septembre 1969, p 108.
72 ARBOIS (Gérald) : « Napoléon et le renseignement, Note historique N°27 » in *Centre Français de Recherche sur le Renseignement*, CF2R

pas à la question des routes et peuvent présenter un intérêt stratégique plus large. Il faut relever les ponts, les gués, les défilés et les zones où l'armée peut se déployer. Durant l'armistice de l'été 1813, lorsque la probabilité de voir l'Autriche rejoindre la coalition russo-prussienne ne peut plus être écartée. L'Empereur ordonne de reconnaître les frontières de Bohême, de la Sprée à Bayreuth, sur une lieue de largeur, ainsi que le cours de l'Elbe, de sa sortie en Bohême à son embouchure (soit près de 620 km), précisant même l'échelle des relevés qu'il y a lieu d'employer. Toutes ces limites techniques et matérielles de la représentation topographique et l'absence de documents de détail fiables sur le sujet amènent généralement l'Empereur à faire reconnaitre par des officiers qualifiés, ou à reconnaître personnellement, le champ de bataille et à observer au plus près possible le dispositif ennemi. Cette activité occupe, on l'imagine aisément, le temps de nos ingénieurs géographes. Toutefois leur tâche, en campagne, ne se limite pas à la reconnaissance sur le terrain. « *Matériellement, le détachement gère le stock de cartes emportées pour la campagne, et fournit à la demande les exemplaires réclamés par le bureau topographique de Bacler. À cette tâche s'ajoute l'essentiel, l'activité topographique proprement dite. Or, cette double mission repose sur un effectif plus que restreint. Au 14 septembre 1805, par exemple, Sanson dirige 12 personnes, dont 7 ingénieurs géographes, auxquels se joignent deux chefs de bataillon spécialistes du travail d'état-major. Au 15 juin 1812, il a sous ses ordres 8 ingénieurs et 4 dessinateurs. L'absence de renseignements sur les territoires à l'est du Niémen conduit toutefois à renforcer le groupe, qui comptera finalement 23 ingénieurs géographes, 4 dessinateurs et un gardien de matériel. Bref, les ingénieurs géographes apparaissent noyés dans la masse du Grand Quartier Général, qui regroupe 500 officiers et employés civils spécialistes de haut rang et mobilise globalement de 3000 à 5000 hommes pour sa protection. Ils n'en jouent pas moins un rôle fondamental, concrétisé par le titre d'aide major général attribué à Sanson dès 1805, sachant qu'il n'existe, pour l'ensemble du Grand Quartier Général, que 3 aides major généraux, dont l'adjoint direct de Berthier. Parfois également, un ingénieur est affecté à chacun des corps d'armée en première ligne ou en avant-garde, mais il demeure pour emploi aux ordres de Berthier (et donc en pratique de Sanson). Néanmoins, en dépit des effets cumulatifs nés de l'addition des travaux menés tout au long du Consulat et de l'Empire, les besoins en renseignements cartographiques dépassent les capacités du petit nombre d'ingénieurs géographes, d'où la nécessité permanente de recourir aux officiers d'état-major ou du Génie, pour effectuer levés de circonstances ou reconnaissances »*[73].

Or, le caractère souvent secret de la mission, le manque de connaissance même au sein de l'armée de l'importance du rôle joué par ces hommes, ne leur facilite pas le travail. Comme l'écrit en 1805 l'ingénieur Épailly au général Sanson : « *L'épaulette, dans l'armée française, est le seul signe de l'autorité militaire. S'il nous est refusé, nous perdons toute espèce de considération auprès des habitants, comme auprès des commandants français. [...] Nos services aux armées sont toujours pressés ; nous sommes incapables de nous en acquitter convenablement, si nous n'avons tout ce qui est nécessaire pour trouver, par notre seule présence, auprès des autorités civiles et militaires, considération, secours, appui, protection ; auprès des soldats qui nous escortent et du simple habitant, respect et obéissance. L'expérience des difficultés sans nombre que j'ai dû combattre pendant la dernière campagne auprès des autorités qui ignorent les procédés que nous employons, les secours qui nous sont nécessaires, me fait prévoir ce que ce serait si nous étions privés de la distinction d'officier »*[74].

---

73 BRUN (Jean-François) : *Revue du Souvenir Napoléonien*, N°489, Octobre-Décembre 2011
74 BRUN (Jean-François) : *Revue du Souvenir Napoléonien*, N°489, Octobre-Décembre 2011

Le renseignement n'est pas la seule activité des ingénieurs géographes. Leur travail est plus technique et consiste à établir les relevés et les plans pour l'élaboration des cartes. Les ingénieurs relèvent également les positions des différentes armées après les batailles. Cette partie de leur travail permet une réflexion historique et un retour d'expérience. Ils consignent ainsi, pour l'histoire, les victoires de l'Empereur, mais ce travail est aussi une part non négligeable de l'étude de la stratégie de Napoléon et de ses adversaires. En avril 1806, le général Sanson écrit au ministre de la guerre : « *Malgré les dangers qu'ils couraient, soit des partis ennemis, soit des actes de violence souvent exercés par les gens du pays ; malgré la rigueur extrême de la saison et les difficultés locales, ces officiers ont travaillé avec un tel zèle, que les matériaux réunis par eux, suffiront à la construction d'une bonne carte utilitaire, à la rédaction des mémoires sur les obstacles et les ressources que les armées peuvent rencontrer dans cette partie de l'Allemagne. Leur attention a été particulièrement dirigée sur les cours d'eau, les communications, les chaines de montagne, leurs débouchés, les positions à prendre en marchant en avant ou en retraite, les productions, la population, l'industrie, enfin tout ce qui constitue une reconnaissance militaire d'un pays* »[75]. La

---

75 Archives historiques, Dépôt de la guerre : correspondance, C11, rapport du général Sanson au ministre de la Guerre, 30 avril 1806.

vitesse des armées impériales repose d'abord sur la connaissance des routes à emprunter et des capacités du pays à nourrir une armée qui se ravitaille sur place. Les ingénieurs géographes entrent pleinement dans l'élaboration de cette stratégie. Aussi l'Empereur ne les ménage pas et le travail qu'il leur affecte est toujours plus volumineux. Il exige d'eux l'impossible, qui, selon la maxime qu'on lui attribue, « n'est pas français » et les pousse à aller vite : « *faites courir vos ingénieurs et vos adjudants généraux* » écrit-il à Berthier le 20 mai 1800.

Alors quelle est la place de l'ingénieur géographe dans l'armée napoléonienne ? Espion, technicien, informateur ? Tout à la fois ? La réponse est plus complexe. Il est sûr que les informations glanées par les ingénieurs géographes vont concourir à la transformation de la guerre « moderne » dans laquelle la connaissance du terrain et l'information sur l'ennemi vont devenir capitales.

Pour Napoléon, vaincre c'est connaitre son ennemi, prévoir ses réactions, savoir sur quel terrain l'amener, comme à Austerlitz. Ainsi en étant au courant de l'importance des effectifs, de la valeur des chefs, en sachant sur quel terrain porter ses offensives, Napoléon peut prendre l'ascendant et bien souvent, avec une bonne dose d'audace et surtout l'endurance de ses troupes, surprendre l'ennemi et le vaincre. L'entrée en campagne en Belgique en 1815 est un bon exemple de la connaissance cartographique du terrain. En passant la Sambre et en empruntant les routes de Charleroi, Napoléon parvient à se glisser avec son armée entre les forces Britanniques (et alliées) et les forces prussiennes. Mais en face, les commandants alliés eux aussi ont une bonne connaissance du terrain et de la cartographie. Constant Rebecque[76] et Gneisenau[77] maitrisent la carte des Pays-Bas et savent où mener leurs armées. Au fil des campagnes, les armées ennemies vont apprendre de ces procédés modernes et les utiliser à leur avantage. En Espagne et plus tard en Allemagne ou en France, les armées alliées feront peser le poids de leurs offensives sur les points où l'Empereur ne se trouve pas. La connaissance du terrain permettra également des victoires significatives comme à Waterloo où Wellington utilise, certes les cartes, mais également la reconnaissance directe, ce que ne fait pas Napoléon, le 17 juin.

L'Empereur ne donne pas non plus au corps, les moyens de ses ambitions. Les ingénieurs

---

76 Jean Victor de Constant Rebecque, né le 22 septembre 1773 à Genève. C'est un militaire et diplomate du XIXe siècle qui combattit pour les Néerlandais et les Anglais. Chef d'état-major du Prince d'Orange à Waterloo. Il meure le 12 juin 1850.

77 August Wilhelm Antonius, comte Neidhardt von Gneisenau, né le 27 octobre 1760 à Schildau, près de Torgau. C'est un Generalfeldmarschall prussien qui combattit les armées de Napoléon et de ses alliés. Chef d'état-major de Blücher à Waterloo. Il meure du choléra le 23 août 1831 à Posen.

géographes ne disposent pas de moyens à hauteur des ambitions de l'illustre Empereur. Il faut du temps pour trianguler, faire les relevés et cartographier l'Europe entière. Il faudrait surtout des effectifs pléthoriques, dont le Dépôt de la guerre ne disposera jamais, même en y adjoignant les services des pays alliés. Il faudrait des moyens plus modernes, pour ne pas dire actuels afin de mener à bien une telle tâche : couplé au corps des aérostiers, la vision aérienne pouvait porter ses fruits, mais l'élévation de l'homme dans l'air n'en était encore qu'aux prémices. La tâche était surdimensionnée pour les faibles effectifs du corps topographique. Et pourtant quelles réalisations ! La carte de l'Empereur, le cadastre, les plans et croquis de l'institut d'Egypte et tant d'autres ! Ce travail immense n'aurait pas pu être réalisé sans des hommes qui ont cru dans la vision moderne de Napoléon.

Chapitre 2 : Une œuvre scientifique

L'autre travail des ingénieurs géographes, est la production scientifique. Si le statut de janvier 1809 leur confère un grade et une organisation militaire sous forme de reconnaissance de leur travail, ils n'en demeurent pas moins des scientifiques dont les préoccupations orientent leurs actions. Dans l'administration d'un Empire qui s'étend de plus en plus au rythme des victoires de l'Empereur, le besoin d'une connaissance et d'une harmonisation des cartes devient urgent[78]. En 1807, la France atteint les 130 départements. Il est nécessaire de remplacer le cadastre par « masses de cultures » établis en 1802. Les plans « par masse de culture » sont réalisés en couleurs, ils décrivent le territoire d'une commune : le découpage en section, la toponymie, les voies, le bâti (plus ou moins détaillé), l'hydrographie, toutefois sans les parcelles. Or en s'agrandissant, le territoire français, soumis à l'impôt foncier, nécessite une extension du cadastre et une remise à niveau des relevés déjà établis. Le 15 septembre 1807, sous l'impulsion du ministre des Finances

---

78 Cette fonction est si importante que des escrocs, dont l'allemand Pisani Corner qui se rend « à Boulogne sur Mer et de là à Dieppe où il s'est dit chargé de lever le plan des côtes jusqu'à Bayonne », l'utilise pour couvrir leurs déplacements.

Martin Michel Charles Gaudin, une nouvelle loi est votée. Elle impose un changement de méthode sur les relevés cadastraux. C'est désormais la naissance d'un cadastre parcellaire unique et centralisé pour toutes les communes de l'Empire : « *[Il faut] confectionner, pour chaque commune, un plan où sont rapportées [les parcelles], [puis] les classer toutes d'après le degré de fertilité du sol [et] évaluer le produit imposable de chacune d'elles ; [enfin] réunir au nom de chaque propriétaire les parcelles éparses qui lui appartiennent ; déterminer, par la réunion de leur produit, son revenu total et faire de ce revenu un allivrement qui sera désormais la base de son imposition... »*[79]. En 1811, est publié un recueil méthodique qui compile toutes les lois, décrets, règlements, instructions et décisions sur le cadastre de la France. Cet ouvrage est une sorte de mode d'emploi pour l'établissement des plans cadastraux. Une large part est consacrée aux opérations techniques ce qui en fait aujourd'hui encore un ouvrage de référence sur le sujet qui a même inspiré d'autre pays dans le monde pour la mise en place de leur système cadastral[80]. Outre la fiscalité l'extension des frontières de la France nécessite la tenue d'une carte qui couvre l'ensemble du territoire. En 1808, le général Sanson fait entamer les travaux pour la

---

79 Extrait de la loi du 15 septembre 1807.
80 Article Cadastre napoléonien, Wikipédia, encyclopédie en ligne

réalisation d'une carte de l'Empire français. Il s'agit surtout de se procurer le matériel déjà existant sur les territoires rattachés, de vérifier leur exactitude et de faire en sorte de mettre toutes ces pièces du puzzle à la même échelle afin d'en rationnaliser l'emploi et d'harmoniser les productions. Il faut également combler les vides grâce à des levers topographiques sur le terrain. Les bureaux régionaux s'attellent à la tâche afin de réaliser cette carte de l'Empire, tout en satisfaisant leurs obligations militaires.

Ces productions scientifiques civiles donnent lieu à des publications afin de diffuser les connaissances et permettre la progression de la pensée scientifique, riche depuis l'époque des Lumières. Dès 1801, le Dépôt de la guerre, sous l'impulsion du général Vallongues, édite une publication : le *Mémorial du dépôt général de la guerre*. Vallongues, adjoint d'Andréossy et de Sanson, en est le rédacteur en chef. L'idée remonte à 1801 dans un rapport de Berthier aux Consuls qui évoque l'utilité « *de réunir les écrits qui se rédigent au dépôt de la guerre, principalement destinés à l'instruction, dans un volume in-8°, de 200 à 300 pages, qui serait le premier d'un ouvrage périodique, que le dépôt pourrait fournir tous les trois mois et qui contiendrait par la suite, selon l'intention du Premier Consul, les principales connaissances militaires, les faits de guerre dont l'authenticité serait constatée et dont la publication sera approuvée par le gouvernement* »[81]. On comprend que cette publication relève d'un intérêt scientifique évident, puisqu'elle permet la diffusion des recherches les plus récentes en matière de cartographie, mais elle revêt également une dimension liée à la propagande de l'Etat en diffusant les informations, contrôlées par le gouvernement, sur les opérations des armées françaises. C'est cette deuxième dimension qui va très vite poser un problème.

Dans la guerre moderne voulue par Napoléon, cette production au départ historique et pédagogique des reconnaissances militaires donne beaucoup trop de détails sur les avancées des armées de la République et risque de compromettre, à terme, la stratégie Napoléonienne. Privée du volet militaire, la seule production scientifique ne permet pas une parution aussi régulière que celle envisagée par Berthier. Seuls sept numéros parurent entre septembre 1802 et 1810 sous le titre de « *Mémorial topographique et militaire* ». Les cinq premiers numéros de septembre 1802 à septembre 1803, le numéro 6 en 1805 et le dernier numéro en 1810. On imagine bien que la rupture de la paix d'Amiens en mai 1803 puis les opérations militaires jusqu'à la paix de Schönbrunn en novembre 1809, ont quelque peu

---

81 BRET (Patrice) : *le dépôt général de la guerre et la formation scientifique des ingénieurs géographes militaires en France (1789-1830)*, HAL, archives ouvertes en ligne, septembre 2004.

accaparés nos ingénieurs géographes. L'étude des sommaires des revues permet de constater l'importance de la part donnée à la géographie (92% des articles) et surtout à la cartographie (60.6%) alors que la part militaire est beaucoup plus réduite (7.1%)[82]. La part scientifique et méthodologique est même accentuée au fil des numéros grâce à la participation rédactionnelle de Lacroix (mathématicien), Barbié du Bocage (géographe) puis Bonne, Muriel ou Puissant (ingénieurs géographes). Ce caractère spécialisé des articles en fait une revue moins vulgarisatrice que souhaitée mais permet son entrée au catalogue des ouvrages officiels de l'école des ingénieurs géographes en 1809.

Petit groupe hétéroclite sous la Révolution, la militarisation souhaitée par Napoléon, couplée à la spécialisation dictée par les travaux demandés, conduit ce corps à devenir l'un des rouages essentiels de la stratégie napoléonienne, sous la conduite d'hommes qui vont donner aux ingénieurs géographe leur place au sein de la Grande Armée.

---

82 BERTHAUT (Henri Marie Auguste) : *les ingénieurs géographes militaires*, 1624-1831, tome 2, p53, éditions Hachette, 1902.

Chapitre 3 : Clarke, Sanson, Andreossy et les autres… des hommes au service de la cartographie militaire

Evoquer la cartographie napoléonienne, c'est évoquer une galerie d'hommes illustres qui vont enrichir de leurs travaux les connaissances cartographiques, géographiques et artistiques de leur temps. Bien sûr il n'est pas question ici de faire des biographies exhaustives de ces hommes mais juste de rappeler leur implication et leur importance au sein du Dépôt de la guerre ainsi que dans la grande entreprise de cartographie de l'Europe et du monde sous l'Empire. Il n'est malheureusement pas possible non plus d'évoquer tous les ingénieurs géographes, nous manquerions de place et sans doute d'informations. Tous ont mené, à leur niveau, des travaux qui ont concourus à la création d'un vaste ensemble de connaissances, inédit en son temps.
Mais commençons par le début de l'aventure avec l'unification des mesures.

Pierre Méchain et **Jean-Baptiste Delambre.**
Sans être à proprement dit des ingénieurs géographes, ces deux hommes vont jouer un rôle majeur dans la science du XIXe siècle. Ils vont surtout être à l'origine du système métrique.

Pierre Méchain est né à Laon le 16 août 1744 et meurt à Castellón de la Plana (Espagne) le 20 septembre 1804. Il est astronome. En 1792, il est chargé de réaliser une mesure de l'arc du méridien Dunkerque-Barcelone afin de déterminer précisément le mètre. Il est chargé de la partie Sud de la mesure, à partir de Barcelone. Il a avec lui Jean Joseph Tranchot, ingénieur géographe. Pour la partie Nord à partir de Dunkerque, c'est Jean-Baptiste Joseph Delambre qui réalise les mesures. Il est né à Amiens le 19 septembre 1749 et meurt à Paris le 19 août 1822. Astronome et mathématicien, il doit rejoindre son collègue en triangulant la France révolutionnaire. Leur aventure s'étend sur plus de six ans de 1792 à 1798. Les difficultés techniques ne sont pas les seuls problèmes rencontrés par les scientifiques pendant cette période houleuse qui suit la Révolution française : Méchain et Delambre, puis Arago, sont retenus en détention à plusieurs reprises au cours de leurs relevés, et Méchain meurt en 1804 de la fièvre jaune, contractée au cours de sa tentative d'amélioration de ses premières mesures au nord de l'Espagne. En Espagne, ils sont pris pour des espions, en France, tour à tour, pris pour des royalistes, des espions à la solde des puissances étrangères, leurs stations géodésiques sont détruites, leur matériel volé ou endommagé. Il faut souvent l'intervention des autorités locales pour les sortir de ces mauvais pas. Mais même elles sont difficiles à convaincre ! Leur ordre de mission étant encore signé de la main du Roi Louis XVI (avant le 10 aout 1792) leur mission semble suspecte aux officiers civils et militaires régionaux. Ce n'est qu'après la Réaction Thermidorienne, qui met fin à la Terreur, puis avec l'avènement du Directoire que leur situation trouve un semblant de normalité. Une fois les travaux géodésiques et la triangulation de la méridienne terminée, il faut passer à l'élaboration de la mesure. Dans un premier temps, la commission calcule une valeur provisoire du mètre équivalant à 443,44 lignes en se fondant sur des relevés antérieurs. Cette valeur est officialisée le 7 avril 1795 et le résultat est adopté par le Corps législatif le 10 décembre 1799. Il devient l'unique système de poids et mesures dès 1801.

Au XVIIIe siècle, de nombreux scientifiques envisagent la longueur du pendule battant la seconde comme étalon de longueur. La question de la réforme des mesures est confiée à l'Académie des sciences, qui désigne une commission présidée par Jean-Charles de Borda[83]

---

83   Jean-Charles, chevalier de Borda, né le 4 mai 1733 à Dax et mort le 19 février 1799 à Paris, est un mathématicien, physicien, politologue et navigateur français. Il invente, pour mesurer la longueur du pendule, un appareil, le pendule de Borda, composé d'une sphère très lourde en platine suspendue par un fil long de 1 m environ, dont le poids n'est qu'une fraction négligeable de celui de la sphère. On lui doit les Tables trigonométriques décimales et les Tables des logarithmes, des sinus, sécantes et tangentes, suivant la division du quart de cercle en 100

fervent défenseur de la décimalisation : il est l'inventeur du cercle répétiteur, un instrument de mesure permettant une grande précision de mesure des angles entre deux points, et il insiste pour qu'il soit étalonné en degrés et en grades (1/100 de quart de cercle), avec 100 minutes dans un grade et 100 secondes dans une minute. Borda considère que le pendule battant la seconde est un mauvais choix pour un étalon car la seconde (comme unité de temps) n'est pas une unité du système décimal de la mesure du temps - un système fixant 10 heures par jour, 100 minutes par heure et 100 secondes par minute - introduit en 1793. En revanche, le mètre découle aussi bien du degré que du grade, en ce sens que si 10 000 kilomètres correspondent à 100 grades d'arc de méridien (le grade étant la centième partie de l'angle droit), alors le mètre correspond à la dix-millionième partie de la moitié de la longueur du méridien terrestre (soit un arc de méridien de 90 degrés ou de 100 grades). La commission décide que la nouvelle unité de longueur sera égale au dix-millionième de la distance du pôle Nord à l'équateur (le quadrant de la circonférence de la Terre), extrapolée à partir de la Méridienne de France (l'arc de méridien mesuré sur le trajet du méridien de Paris entre Dunkerque et

degrés, revues, augmentées et publiées par Jean-Baptiste Delambre en 1801.

Barcelone) ; c'est cette méridienne qui sera mensurée par Méchain et Delambre[84].

Louis-Alexandre Berthier, prince de Neuchâtel et Valangin, prince de Wagram. Il est né le 20 novembre 1753 à Versailles et décède le 1er juin 1815 à Bamberg. Cette pièce maitresse de la stratégie Napoléonienne fut tout d'abord, comme son père, ingénieur géographe. De sa formation scientifique, il retient une rigueur administrative et une considération pour le travail cartographique. Au début de la Révolution Française, il sert comme major général de la garde nationale à Versailles, puis il est successivement employé par Rochambeau, La Fayette et Luckner, comme chef d'état-major. En mai 1793, Berthier est rappelé et nommé chef d'état-major du duc de Biron en Vendée. Il participe ensuite à toutes les campagnes de Napoléon en tant que chef d'état-major depuis l'Italie en 1796 jusqu'en 1814. Il occupe le poste de ministre de la Guerre deux fois (de novembre 1799 à avril 1800 puis de novembre 1800 à aout 1807) et devient en 1804 Major général de la Grande Armée (chef du grand état-major de l'armée) le seul capable de comprendre et de déchiffrer les pensées et les stratégies de Napoléon. Marié à Marie-Élisabeth en Bavière[85],

---

84 Voir les ouvrages de Ken Adler, « mesurer le monde » et Denis Guedj : « le mètre du monde ».
85 Marie Élisabeth Amélie Françoise en Bavière (5 mai 1784 – 1er juin 1849) est une duchesse bavaroise membre

il se retire sur les terres de son épouse en 1814. C'est à Bamberg qu'il décède, défenestré, le 1er juin 1815, dans des circonstances troubles. Sa mort survenue peu avant la bataille de Waterloo affecte Napoléon qui dira de lui : « Nul autre n'eût pu le remplacer » ! Son passé d'ingénieur géographe le conduit à appuyer bien souvent les demandes de ses semblables auprès de l'Empereur. Sa connaissance cartographique lui permettant surement, d'interpréter au mieux, les idées stratégiques de Napoléon. Il sait également travailler en étroite collaboration avec le Dépôt de la guerre.

Henri-Jacques-Guillaume Clarke, né le 17 octobre 1765 à Landrecies et mort le 28 octobre 1818 à Neuwiller-lès-Saverne. Ministre de la Guerre d'aout 1807 à avril 1814, il est fait comte d'Hunebourg puis duc de Feltre en août 1809 après avoir contré le débarquement anglais à Walcheren. Grâce à Carnot[86], il devient en 1795 général de brigade et est nommé à la direction historique et topographique du ministère de la

---

de la lignée Birkenfeld-Gelnhausen de la Maison de Wittelsbach.

86 Lazare Nicolas Marguerite Carnot, né le 13 mai 1753 à Nolay (France) et mort le 2 août 1823 à Magdebourg (Prusse), est un mathématicien, physicien, officier et homme d'État français. Député à l'Assemblée législative puis à la Convention nationale, il est membre du Comité de salut public en 1793-1794 ; son rôle dans les succès des armées françaises de la Révolution lui vaut les surnoms de « Grand Carnot » et d'« organisateur de la Victoire».

Guerre. En 1800, il prend la direction du Dépôt de la guerre. Son zèle administratif lui permet de réorganiser l'institution et surtout de faire face aux demandes du 1er Consul. Le Dépôt de la guerre, à l'époque, a « *6 mois au moins de travail urgent* »[87], avec un personnel insuffisant, situation qui allait se répéter tout au long de l'Empire. Un projet de refonte complète du bureau de la guerre fut initié par Clarke. A son départ en 1801, la proposition de réorganisation fut transmise à son successeur le général Andréossy.

Antoine François, comte d'Andréossy, né le 6 mars 1761 à Castelnaudary (Aude), mort le 10 septembre 1828 à Montauban (Tarn-et-Garonne). C'est un général, hydrographe, et diplomate français formé à l'école d'application d'artillerie et du génie. Parallèlement à ses aptitudes militaires, ses connaissances scientifiques le font remarquer par Bonaparte qui lui confie souvent des missions de reconnaissance poussées. A l'armée des Alpes, il est choisi pour effectuer une reconnaissance des montagnes escarpées depuis la ligne de Borghetto jusqu'à celle de Sanremo. Après la bataille de Tagliamento (1797), Bonaparte le charge de reconnaître si le fleuve était guéable. Andréossy se jette lui-même dans la rivière, la traverse à pied et repasse sur deux

---

87 BERTHAUT (Henri Marie Auguste) : *les ingénieurs géographes militaires*, 1624-1831, tome 1, p203. Editions Hachette, 1902

points différents sous le feu de l'ennemi, ce qui lui vaut les honneurs et l'attachement du général qui l'emmènera en Egypte comme général de brigade mais également comme membre de la commission des savants. En 1801, il succède à Clarke comme directeur du bureau de la guerre et organise les bureaux topographiques régionaux afin d'étendre la carte de Cassini aux territoires nouvellement rattachés à la République et constituer la carte des départements français. Andréossy quitte la direction du bureau de la guerre en 1802 pour la laisser au général Sanson.

Nicolas Antoine Sanson (1756-1824). Il a été professeur de mathématiques, de fortifications, d'architecture et de topographie à l'École royale militaire de Sorèze de 1776 à 1792, puis il s'engage comme volontaire au 1er bataillon du Tarn. Il sert en Italie et en Egypte où sa conduite lui vaut un sabre d'honneur et le grade de général de brigade dans l'arme du génie. Il n'est pas ingénieur géographe de formation mais il est nommé en 1802 à la direction du bureau de la guerre. Son appartenance au génie va lui attirer l'opposition voire les foudres de certains ingénieurs géographes, pourtant il est celui qui va œuvrer pour la reconnaissance et l'autonomie du corps. Réformateur, il se lance dans la restructuration du dépôt, la construction d'une identité propre aux ingénieurs, bien distincte de celle du génie, s'opposant ainsi à de nombreux officiers généraux qui souhaiteraient fondre les deux corps en un seul. Il organise l'enseignement et la formation des ingénieurs et leur obtient un statut particulier en 1809 en même temps qu'un uniforme bien distinct. Il sert au grand quartier général auprès de Berthier, mais ses connaissances dans l'arme du génie le font affecter en Allemagne et en Espagne en même temps qu'il commande le cabinet topographique. Ses travaux cartographiques sont nombreux. On retient surtout deux œuvres majeures : l'achèvement de la carte des chasses impériales en 1807 et la carte des routes de postes de la Russie européenne en 1812. Souvent appelé aux armées, la direction du bureau de la guerre par intérim est assurée à Paris par le lieutenant-colonel Muriel entre 1805 et 1809 et après la capture de Sanson par les cosaques en 1812 jusqu'en 1814. Sanson sera remplacé par l'ingénieur géographe le plus connus de l'Empire : Bacler d'Albe, que nous retrouverons plus tard, entre 1814 et 1815.

Chapitre 4 : Les ingénieurs des « grands chapeaux[88] »

Comme nous l'avons vu, les ingénieurs géographes jouent un rôle majeur dans la stratégie napoléonienne. Il leur faut organiser le dépôt, rassembler les informations qui arrivent de tous les côtés de l'Empire, élaborer les cartes, les faire dupliquer et les faire acheminer vers l'avant où elles sont distribuées aux officiers. Moins flamboyants que les officiers de cavalerie, moins connus que les généraux commandant les troupes de lignes ou de la garde, ces officiers techniques sont la pierre angulaire de la stratégie napoléonienne : il faut faire en sortie que les officiers sachent où aller. Si l'Empereur gagne les batailles avec les jambes de ses soldats, il faut savoir où les diriger et Napoléon a confiance en eux ! La mauvaise direction, les routes non reconnues, sont synonymes de retards : être en retard à la bataille c'est compromettre le plan du Maitre et parfois (comme Bernadotte en 1806) s'en attirer les foudres. Il y a une double activité pour ces officiers des bureaux topographiques ; tracer les cartes bien sûr, mais également compiler et archiver les mouvements des armées, les plans de bataille afin de constituer une connaissance stratégique complète.

---

[88] Les officiers généraux dans l'argot de la grande armée

Si avant la bataille, l'ingénieur fait des relevés et des reconnaissances, pendant la bataille il assiste les officiers généraux commandants les corps d'armées, les « grands chapeaux », puis après la bataille, il fait les relevés des positions, des unités, trace les mouvements des régiments sur les cartes, les fixe, pour toujours, afin d'en transmettre les détails à la postérité. Ne nous méprenons pas, ce travail est également politique, il s'agit de servir la propagande du régime et de démontrer la supériorité de Napoléon sur ses adversaires.

La connaissance exacte du terrain rend nécessaire l'emploi de spécialistes. Certains officiers supérieurs ont bien compris qu'il leur fallait avoir ces hommes à disposition. Seulement, dépendre du bureau de la guerre c'est être tributaire d'une administration, qui même si elle est compétente, n'en demeure pas moins ralentie par ses mécanismes de fonctionnement. Certains maréchaux vont donc se passer d'un tel intermédiaire et constituer leur propre service topographique.

En 1809, le maréchal Davout décide de doter son état-major d'un cabinet topographique spécial. Le « maréchal de fer » en confie la direction à de Castres qui rentre d'une mission à Dresde auprès de Bernadotte et du roi de Saxe. De Castres réunit à Bamberg un cabinet particulier restreint avec son secrétaire, Rolof et des ingénieurs rentrés d'Espagne. Il se fait donner une berline attelée de deux chevaux en lieu et place du fourgon règlementaire pour le transport du matériel et des cartes. Dans le charroi des armées napoléoniennes, le fourgon, trop lourd est souvent relégué à l'arrière avec les fourgons et les cartes n'arrivent pas à temps. La « chaise allemande[89] » plus légère et plus rapide peut suivre, au plus près, le train de l'état-major et ainsi apporter les cartes et le matériel topographique en temps et en heure. Le maréchal Berthier, major-général de la Grande Armée n'approuve pas la constitution par le maréchal Davout, d'un cabinet topographique privé qu'il considère comme faisant double emploi avec le bureau topographique sous ses ordres et qui surtout dissémine les ingénieurs auprès des différents maréchaux là où il préfèrerait les avoir tous ensembles. Il empêche la nomination d'Epailly, qui devait en devenir le directeur, et ordonne à de Castres de rentrer à Paris après avoir rattaché les ingénieurs géographes au Grand Quartier Général. Le IIIe corps s'étant mis en campagne, l'ordre ne parvient pas à de Castres qui continue à suivre Davout avec son service topographique. Il va ainsi faire toute la campagne de 1809 et aura même un cheval tué sous lui à Eckmühl le 22 avril. Arrivé à Ratisbonne le général Guilleminot qui commande le bureau topographique d'Allemagne, l'autorise à poursuivre son travail auprès du IIIe corps et lui fait même donner des renforts. Ainsi le

---

89 La berline

« maréchal de fer » dispose d'un cabinet topographique privé qui le met en concurrence avec son auguste souverain. Davout est un homme précis, méticuleux et d'une extrême rigueur. La fantaisie n'est pas de mise à l'état-major du duc d'Auerstedt. Aussi ses ingénieurs géographes doivent-ils suivre sa ligne de conduite et collecter un matériel de qualité : « *le maréchal Davout conservait pour son usage certaines cartes qui eussent été fort utiles à la rédaction de la carte de l'Empereur, entre autres un exemplaire de la carte de Silésie, plus complet que celui du Dépôt et où les montagnes étaient dessinées ; des renseignements précieux sur la Pologne... »*[90]. Le maréchal met tout en œuvre pour se constituer un jeu de carte précis et détaillé. En 1809, il entend parler à Vienne d'une carte de haute et basse Autriche. Il envoie ses aides de camps auprès d'un certain Schmidt, possesseur de la carte, en lui proposant 5000 florins pour l'achat de celle-ci. L'homme désireux de faire monter les enchères en réclame 25000. Les aides de camps de Davout, « réquisitionnent » alors la carte et malgré les menaces et récriminations de Mr Schmidt, Davout garde la carte et fait donner les 5000 florins proposés au préalable à la caisse des nécessiteux de Vienne, le maréchal considérant

---

90 BERTHAUT (Henri Marie Auguste) : *les ingénieurs géographes militaires, 1624-1831*, tome 2, p78, 1902, éditions Hachette, 1902.

que la carte, dressée au temps de Joseph II[91], 40 ans auparavant, ne présentait pas un si grand intérêt. La même année, on découvre à Passau, un ouvrage de 75 cartes sur le cours du Danube de l'Ybbs[92] à Presbourg. Cet ouvrage récent (réalisé entre 1806 et 1808) est nécessaire à la poursuite de l'enrichissement de la carte de l'Empereur. Davout missionne le colonel Bonne, chef du service topographique de l'Armée d'Allemagne, en l'autorisant à acheter toutes les copies possibles de l'ouvrage pour une somme de 9000 florins qu'il avance sur ses fonds propres. Les copies sont réalisées avec une échelle de réduction au 20 000e, ce qui entraine un certain retard pour la livraison de l'ouvrage au Dépôt de la guerre. Le 5 décembre 1809, Bonne expédie au Dépôt de la guerre, à Paris, 6 caisses de cartes et ouvrages divers enlevés aux archives de Vienne. Le maréchal Davout a avancé plus de 20 000 francs pour l'obtention de ces ouvrages. Bonne précise : « *qu'on ne peut rien refuser à un protecteur éclairé du service des ingénieurs*

---

91 Joseph de Habsbourg-Lorraine, puis Joseph II, né le 13 mars 1741 à Vienne et décédé le 20 février 1790 dans la même ville, est le fils aîné de l'empereur François de Lorraine et de Marie-Thérèse d'Autriche. À la mort de son père en 1765, il est élu empereur des Romains et devient corégent des possessions héréditaires des Habsbourg d'Autriche dont il hérite en 1780, à la mort de sa mère. Il règne ensuite, seul, jusqu'en 1790. Il est le frère de la reine Marie-Antoinette, épouse de Louis XVI.

92 L'Ybbs est un cours d'eau de Basse-Autriche, affluent de la rive droite du Danube.

géographes, qui prend des mesures pour qu'ils aient partout sureté et protection »[93]. Il est vrai qu'on ne pouvait pas refuser grand-chose au « maréchal de fer », le vainqueur de la bataille d'Auerstedt !

93 BERTHAUT (Henri Marie Auguste) : *les ingénieurs géographes militaires, 1624-1831*, tome 2, p78, 1902, éditions Hachette, 1902.

Partie III

La science au service de la conquête

Chapitre 1 : « La géographie, ça sert d'abord à faire la guerre »[94] !

« *La topographie a pour objet de représenter, sur un dessin appelé carte topographique, la configuration d'un terrain de peu d'étendue, avec tous les détails qui se trouvent à sa surface[95]* ». Du fait des vastes opérations militaires sur l'ensemble des différents continents où les armées ont eu à se déployer, la Révolution et l'Empire sont des périodes fastes en ce qui concerne la cartographie militaire. Ces deux périodes s'inscrivent toutefois dans un mouvement plus large d'évolution scientifique et d'unification des unités de mesures. Ce large mouvement directement issu de la philosophie

---

94 LACOSTE (Yves) : *La géographie, ça sert, d'abord, à faire la guerre*, éditions Maspero, Paris, 1976
95 Ecole de levers, ed A. Quantin, Paris 1883, p1

des Lumières[96] est relayé sous la Révolution par des scientifiques voulant introduire la dimension d'Universalité et d'Egalité dans la représentation cartographique. Comme ailleurs en Europe, les anciens poids et mesures trouvaient leur origine dans un système utilisé par les Romains.

Au cours des siècles depuis la chute de Rome, il avait muté en une myriade de systèmes locaux à travers la France. Les savants étaient confrontés à la réforme d'un ensemble de 800 unités de mesure différentes, de la toise à la lieue en passant par le quart et la pinte. Certaines mesures étaient extrêmement basiques : dans le Bordeaux du début du XVIIIe siècle, une unité de terre était définie par la portée de la voix d'un homme. Il y avait peu ou pas de standardisation : à Paris, une pinte équivalait à 0,93 litre ; à Saint-Denis, elle équivalait 1,46 litre. Une aune, utilisée pour mesurer le tissu, était basée sur la largeur des métiers à tisser locaux. Ce système chaotique était sujet à la fraude et étouffait le commerce intérieur et extérieur. Afin de changer tout cela et dans le but d'une unification des unités de poids et mesures une commission est réunie en 1790. Elle doit établir une unité de mesure universelle, permettant d'uniformiser les systèmes aussi bien dans les poids, les distances et les volumes. Le mathématicien et écrivain Condorcet, le diplomate Talleyrand et le physicien Laplace sont

---

96 Les Lumières sont un courant de pensée européen, philosophique, littéraire et intellectuel qui émerge dans la seconde moitié du XVIIIe siècle.

à l'origine de cette commission chargée d'établir la nouvelle mesure dont les travaux sont approuvés en 1790 par le roi Louis XVI et l'Assemblée nationale et qui donnent naissance aux travaux de Méchain et Delambre. Ce système métrique est définitivement adopté en 1799 par le 1er Consul. Dès lors la nouvelle mesure est appliquée aux cartes et relevés topographique même si les anciennes mesures (en pied, pouces et toises) continuent à être utilisées. C'est en 1801, que le chef du Dépôt de la guerre, le général Andreossy, engage une politique de rationalisation de la production cartographique avec la normalisation des règles de production graphique et des échelles. En règle générale, jusqu'en 1802 les cartes gravées au Dépôt de la guerre n'avaient aucune règle uniforme. Chaque carte avait son aspect particulier et les signes conventionnels variaient d'une carte à l'autre. Les reliefs n'étaient souvent exprimés qu'en perspective cavalière[97] et les échelles, fixées d'après d'anciennes mesures n'étaient pas décimales. Le 15 septembre 1802, le général Sanson, qui succède à Andreossy à la tête du bureau de la guerre, ouvre une commission

---

97 La perspective cavalière est une technique de représentation, sur un support en deux dimensions, d'objets qui existent en volume (trois dimensions). Elle ne comporte pas de point de fuite : la taille des objets ne diminue pas lorsqu'ils s'éloignent. Cette perspective ne prétend pas donner l'illusion de ce qui peut être vu, mais simplement donner une information sur la notion de profondeur.

chargée de simplifier et rendre uniforme les signes conventionnels en usage sur les cartes. Cette commission qui regroupe des spécialistes comme Vallongue, Clerc, Hervet, Jacotin, Bacler d'Albe et d'autres, siège jusqu'au 15 novembre. Elle étend ses réflexions à toute la cartographie et fixe des règles sur le mode de représentation, les signes conventionnels, les écritures, les abréviations, les formes du terrain, les échelles, dont certaines sont toujours en vigueur.

C'est cette commission qui adopte le procédé de la représentation d'élévations du terrain par courbes de niveau, mis au point par le chef de bataillon du génie Haxo[98]. Elle retient aussi pour les cartes les plus générales, le procédé des hachures fixé par le capitaine du génie Clerc. Ce procédé permet la représentation du relief par la projection sur la carte des lignes de plus grande pente. Pour le rendre plus expressif, mais également plus artistique, la commission prévoit de rehausser ces lignes par un lavis en teintes dégradées afin que le terrain apparaisse comme frappé par un éclairage oblique dont la source lumineuse serait inclinée à 50°. Au niveau des écritures, la commission retient les propositions de Conté sur la forme et les dimensions des

---

98 François-Nicolas-Benoît Haxo, né le 24 juin 1774 à Lunéville et mort le 25 juin 1838 à Paris, est un ingénieur militaire et général français de la Révolution et de l'Empire. Il a été comparé à Vauban par les nombreux sièges victorieux auxquels il a contribué et du fait de ses innovations en matière de fortification.

caractères topographiques utilisés sur les cartes, ainsi que la gamme de tons à mettre en œuvre pour les teintes cartographiques et les traits. Ces décisions sont primordiales pour l'établissement d'une cartographie uniformisée permettant de disposer de cartes claires mais néanmoins détaillées. D'autres décisions viennent compléter cette uniformisation comme la dimension des feuilles sur lesquelles sont gravées les cartes, leur mode de repérage, la présentation des légendes.

L'autre grand écueil fut de déterminer la projection selon laquelle les cartes devaient être réalisées. Depuis 1569 c'est la projection Mercator[99] qui est utilisée sur les cartes à grande échelle. Or, si cette projection est une projection conforme, c'est-à-dire qu'elle conserve les angles, elle a pour effet des déformations sur les distances et les aires. En effet, une distorsion s'accroît au fur et à mesure de l'éloignement de l'équateur vers les pôles. Une carte de Mercator ne peut ainsi couvrir les pôles car ils sont présentés comme infiniment grands. Cela a par exemple pour conséquence la vision d'une égalité de surface entre le Groenland et l'Afrique alors que cette dernière est 14 fois plus grande. En 1803, une commission est réunie. Elle regroupe

---

99 Geert de Kremer ou Gerard de Kremer, connu dans la République des Lettres sous son nom latinisé de Gerardus Mercator, né le 5 mars 1512 à Rupelmonde et mort le 2 décembre 1594 à Duisbourg, est un mathématicien, géographe et cartographe flamand, inventeur de la projection cartographique qui porte son nom.

Lacroix, de l'Institut National, Sanson, Henry, Epailly et Plessis du bureau de la guerre afin de déterminer la projection de référence à utiliser sur les cartes produites. Leur choix se porte sur la projection Sanson-Flamsteed modifiée, proposée dès 1780 par l'hydrographe français Rigobert Bonne. Cette projection est utilisée pour les cartes dites « d'État-Major » au 1/80 000 (pour lesquelles le parallèle origine était le 45e nord, et le méridien d'origine celui de Paris). C'est une projection cartographique qui impose que les parallèles soient des cercles concentriques équidistants, et que l'échelle le long des parallèles soit constante, et égale à celle du méridien d'origine. En outre, le rayon de courbure d'un « parallèle origine » est respecté. Elle est donc équivalente, mais non conforme, sauf au voisinage de son point d'origine. Ces transformations vont donner à Napoléon un instrument performant lui permettant « de faire la guerre », mais plus que cela, ils vont ouvrir la voie à la rationalisation des travaux pour l'élaboration d'un jeu de cartes le plus complet possible, ce qui donnera naissance en 1827 à la création de la carte d'Etat-Major.

La Révolution et l'Empire vont transformer le rapport des militaires et des politiques à la carte. Au commencement du service des ingénieurs géographes, sous Louis XIV, leurs missions se bornent à la reconnaissance et surtout à l'élaboration de plans bien précis : ceux des fortifications, des camps, des colonnes de marches et surtout des positions ennemies. A l'issue des engagements, ils font le lever du champ de bataille et celui des sièges. Les productions qui en découlent sont essentiellement artistiques, même si elles présentent un intérêt certain au niveau historique et géographique. La représentation horizontale, permet une vue des localités à l'échelle avec leurs formes réelles et leurs détails. Lorsque le terrain est plus accidenté et montagneux, c'est la perspective cavalière qui est utilisée, donnant une idée plus précise du relief. Tous ces plans sont colorés dans des teintes conventionnelles, les traits sont faits à la plume. Nombre de ces productions n'ont pas une échelle précise et si elles représentent des éléments du terrain, il est difficile de les associer à des cartes topographiques. A grande échelle, ce sont des signes conventionnels qui permettent de figures montagnes et localités. Sous la régence, puis sous Louis XV, les techniques cartographiques s'affinent avec l'utilisation systématique de l'échelle. La réalisation des cartes s'accompagne toujours de reconnaissances sur le terrain et d'utilisation de plans locaux afin d'en affiner la précision. Ce n'est qu'à partir de la campagne des Flandres (1745-46) qu'on commence à utiliser les techniques des Cassini sur la triangulation. C'est cette méthode dont vont hériter les ingénieurs géographes de l'Empire. Elle leur permet d'effectuer un certain nombre de relevés sur le terrain. Il s'agit tout d'abord de déterminer un certain nombre de points remarquables, généralement en hauteur (clochers, sommets, élévations). Ces points « *convenablement espacés et choisis de manière à former les sommets d'un ou plusieurs polygones contigus, aux cotés desquels il soit facile de rapporter tous les détails qu'on veut représenter sur le plan* [100] ». Puis ce polygone est subdivisé en plusieurs triangles dont on mesure les côtés (moins de 100m de longueur) avant d'en reproduire le dessin à l'échelle. Bien sur cette méthode qui n'exige que des mesures de longueurs n'est applicable qu'aux espaces réduits. Chacun de ces polygones ne doit pas avoir plus de 1000 à 1500m de développement. L'ingénieur géographe et ses aides suivent un cheminement précis : « *l'opérateur marque arbitrairement sur la feuille du lever l'un des sommets du canevas pris pour point de départ, en ayant soin seulement que le terrain à lever puisse être contenu tout entier sur la feuille de dessin ; puis il se met en station avec la planchette au-dessus du point correspondant du terrain, en rendant la planchette horizontale à vue et en l'orientant de manière que tout le lever tienne sur la feuille de papier. Il fixe ensuite le déclinatoire dans un des angles de la planchette, en le tournant de manière que la pointe de l'aiguille se trouve vis-à-vis du trait de repère, et il trace un trait au crayon autour de son pourtour, afin d'en bien repérer la position. La*

---

100 *Ecole de levers,* éditions A. Quantin, Paris 1883, p8

planchette étant en station et orientée comme il vient d'être dit, l'opérateur, après avoir fixé le voyant de la mire à la hauteur à laquelle la tablette se trouve au-dessus de la station, envoie un aide tenir cette mire verticalement au sommet suivant du polygone à lever, fait une visée sur la mire avec l'alidade et trace la direction ainsi obtenue sur la feuille de lever. Pour faire la visée, il fait pivoter l'alidade autour d'une épingle plantée verticalement dans la tablette, au point du plan qui correspond à la station. Il lit ensuite la pente directe de la ligne de visée et la note sur le carnet des cheminements. Ceci fait, les deux chaineurs mesurent horizontalement la distance qui sépare la station du point visé ; puis, à l'aide de cette distance, l'opérateur détermine la position de ce point sur le plan. Il inscrit en outre les résultats du chainage sur son carnet, après avoir contrôlé par un mesurage au double pas. La planchette est ensuite transportée successivement aux divers sommets du polygone à lever et on oriente à chaque station en la tournant de manière à amener la pointe bleue du déclinatoire vis-à-vis des du trait de repère[101] ».

Cette méthode donne des résultats convenables sur des distances courtes, mais elle est longue d'exécution et nécessite une équipe d'un opérateur et 5 aides rompus à l'exercice. La topographie s'articule autour de deux opérations principales : la planimétrie et l'altimétrie. La

---

101 Idem p 175

planimétrie selon la définition de l'école de levers est « *la construction sur le papier d'une figure semblable à la projection horizontale des lignes les plus apparentes et des principaux objets que l'on remarque à la surface du sol. Cette figure porte le nom de plan*[102] ». C'est l'opération « simple » mais fastidieuse que les ingénieurs géographes peuvent réaliser à la planchette. L'autre opération principale est l'altimétrie ou le nivellement « *qui a pour but de déterminer les distances verticales des différents points du terrain au-dessus d'un même plan horizontal de comparaison*[103] ». Ces deux opérations permettent l'élaboration d'un plan, canevas de ce qui peut devenir plus tard la carte.

---

102 Idem p 1
103 Idem p 1

Chapitre 2 : Des outils pour cartographier le monde

Afin de mener à bien leurs travaux, les ingénieurs géographes ont besoin d'un matériel leur permettant de faire les relevés sur le terrain. Il n'est pas question ici de traiter de tous les instruments permettant de réaliser la carte. Ceux-ci appartiennent à l'art pictural, que Conté va révolutionner en inventant le crayon de bois. Bien sûr, pour faire leurs croquis et leurs esquisses sur le terrain, les ingénieurs géographes utilisent tout le matériel de leur époque destiné à l'écriture et au dessin : porte-mines avec mines en graphite, gommes mie de pain[104], plumes et encre de chine, tire lignes et, très vite les crayons de Nicolas-Jacques Conté, qui en 1794 invente le crayon Conté, un crayon graphite mélangé avec de l'argile, lui conférant plus de dureté que les crayons en graphite pur et ainsi une meilleure adaptation à l'écriture et au dessin technique. Viennent également tous les instruments de dessinateurs, règles, rapporteurs d'angles, compas à pointe sèche, compas de proportion[105].

---

104 La gomme mie de pain tire son nom du fait que les artistes utilisaient autrefois de la vraie mie de pain pour gommer leurs dessins.
105 Le compas de proportion est un instrument de mathématique, composé de deux règles plates, assemblées à charnière par un des bouts, comme un compas ordinaire, pouvant de même se fermer ou s'ouvrir sous des angles

Tous ces instruments remplissent la sacoche de campagne de l'ingénieur géographe et avec eux les carnets de levers et les feuilles de papier pour les plans et les croquis.

Tout ce petit matériel est aisément transportable par l'ingénieur géographe, mais pour faire ses relevés sur le terrain, notre ingénieur à besoin de matériel plus volumineux et plus fragile. Des instruments d'optiques, de mesures, qui doivent être transportés à dos d'animaux ou dans des chariots. Or on a vu qu'en campagne il n'était pas aisé de transporter tout le matériel. Les routes sont souvent encombrées par les charrois de l'armée et ces colonnes de ravitaillement, du train des équipages, sont souvent la cible des raids des cavaliers irréguliers ou légers des armées adverses ou des bandes de guérilleros locaux. Lors des grandes retraites comme en Russie en 1812, Allemagne en 1813 ou Belgique en 1815, le matériel est souvent perdu et doit être remplacé à grand frais, souvent aux frais des ingénieurs eux-mêmes. En temps de paix, lorsqu'il effectue ses levers topographiques, l'ingénieur est souvent accompagnés d'aides qui portent le matériel, guident les animaux de bâts et l'assistent dans ses mesures. Les instruments utilisés sont spécifiques aux travaux réalisés soit en planimétrie, soit en altimétrie. Approchons-nous de l'ingénieur au travail, voyons ensemble ce que contiennent les caisses que ses aides ont détachées des mulets qui

---

plus ou moins aigus et portant sur leurs faces des lignes divisées pour servir à divers usages de géométrie.

les portaient. Voyons d'abord le travail de planimétrie et les instruments qui lui permettent d'élaborer le « plan ».

Tout d'abord les alidades[106]. L'alidade est une réglette mobile en rotation autour de l'axe vertical ou horizontal d'un instrument permettant la mesure d'angle. Pour nos ingénieurs elles sont de deux types.

L'alidade à pinnules d'abord. L'alidade sert à déterminer sur un plan horizontal matérialisé par une planchette la trace d'un plan vertical donné par deux de ses points. C'est une règle en cuivre à chaque extrémité de laquelle est fixée perpendiculairement une pièce rectangulaire également en cuivre appelée pinnule et comportant l'une au-dessus de l'autre une fente verticale et une fenêtre rectangulaire dans l'axe de laquelle est tendu une soie, un fil ou un crin parallèle à la fente. Le plan vertical contenant les deux fentes et les deux fils passe par le bord intérieur de la règle appelé ligne de foi. La disposition relative de la fente et de la fenêtre l'une au-dessus de l'autre est inversée pour chacune des pinnules de façon que chacune des fentes sur l'une des pinnules ait une fenêtre lui faisant face sur l'autre. Ceci permet d'utiliser indifféremment l'une ou l'autre pinnule pour place de visée. Chaque pinnule, mobile autour d'une charnière, peut être rabattue sur la règle

---

106 *Ecole de levers*, éditions A. Quantin, Paris 1883, p86

lorsqu'on ne se sert pas de l'instrument. Celui-ci est alors plus facilement transportable dans une boîte. L'alidade étant posée sur une planchette dont l'horizontalité a été vérifiée à l'aide d'un niveau, l'arpenteur place son œil derrière la fente de l'une des pinnules. Il déplace l'alidade de façon à voir à travers cette fente le fil de la fenêtre de la pinnule opposée coïncider avec l'objet qu'il vise (le point de mire) et bissecter la fente par laquelle il regarde. Dans ce cas, le plan passant par la fente et le fil est le plan vertical recherché appelé plan de collimation, et sa trace est donnée par le bord intérieur de l'alidade (d'où la nécessité que par construction ce bord soit contenu dans ce plan. La trace de ce plan est marquée par une ligne tirée à l'aide d'un crayon le long de la règle sur un papier (en suivant la ligne de foi de l'alidade). Puis retournant l'alidade bout pour bout, on vise à nouveau l'objet et on vérifie que le nouveau plan de collimation coïncide avec le premier[107].

Se trouve ensuite l'alidade à viseur (en bois ou en cuivre). L'instrument est composé d'une règle et d'un viseur mobile autour d'un axe de rotation porté par un support fixé sur une règle. La ligne de visée est déterminé par un trou ou œilleton percé à l'une des extrémités de viseur et par une pointe objective placée dans une fenêtre pratiquée à l'autre bout, de ce fait, l'œil se trouve

---

107 MEURAND : *Alidade à pinnules n° 4-28D, Meurand,* Bibliothèque patrimoniale numérique de l'École nationale supérieure des mines de Paris (Mines ParisTech).

diaphragmé ce qui lui permet de mettre au point simultanément sur la croisée de fils et le point de mire. Un inconvénient toutefois : l'œilleton diminue la clarté (la fente la diminue beaucoup moins). Alidade à lunette, le viseur est remplacé par une lunette qui présente un champ de visée plus étendu et donne une netteté plus grande, une portée plus importante et plus de précision dans le pointé.

Afin de pouvoir s'orienter dans l'espace et bien sûr d'orienter son plan, notre ingénieur va avoir recours à une boussole[108]. Elle se compose d'une aiguille aimantée suspendue sur un pivot en acier au centre d'un limbe divisé en 360 degrés (puis en 400 grades après l'adoption du système métrique). La moitié de l'aiguille qui se dirige vers le nord est colorée (généralement en bleu) et l'ensemble est fixé dans une boite en bois, le limbe étant recouvert d'un verre. L'aiguille aimantée indiquant la méridienne magnétique. L'angle constitué par ce plan et le méridien terrestre constitue la déclinaison. Cette donnée varie car le pole magnétique (à la différence du pole géographique) n'est pas fixe et se déplace de 13 à 14 minutes centésimales par an. Pour un lever ordinaire, cela n'a que peu d'influence, mais l'ingénieur doit en tenir compte pour des travaux durant plusieurs mois. Dans ce

---

108 *Ecole de levers*, éditions A. Quantin, Paris 1883, p60

cas il devra effectuer un calcul de déclinaison tous les mois.

Pour les mesures plus complexes d'angles servant à effectuer des relevés géodésiques, les ingénieurs utilisent le cercle répétiteur de Borda. Perfectionné à partir du cercle de réflexion de Borda[109] par Etienne Lenoir[110], il permet de mesurer des distances angulaires en répétant plusieurs fois la même observation sur le cercle sans revenir au zéro ; ainsi les erreurs de lecture et de graduation du limbe sont-elles divisées par le nombre d'observations. Pour l'essentiel, le cercle répétiteur est constitué : d'un pied pour être utilisé à hauteur d'homme ; ce pied comprend une colonne de laiton conique pivotante, munie d'un cercle azimutal et fixée sur un trépied de laiton à jambes horizontales et vis calantes[111] ; d'un cercle de mesure avec son contrepoids pour utilisation

---

109 Jean-Charles, chevalier de Borda, né le 4 mai 1733 à Dax et mort le 19 février 1799 à Paris, est un mathématicien, physicien, politologue et navigateur français, on lui doit les Tables trigonométriques décimales et les Tables des logarithmes, des sinus, sécantes et tangentes, suivant la division du quart de cercle en 100 degrés, revues, augmentées et publiées par Jean-Baptiste Delambre en 1801.

110 Étienne Lenoir, né à Mer, près de Blois, le 1er mars 1744, mort à Paris le 18 août 1832, est un fabricant d'instruments optiques et scientifiques français et inventeur du cercle répétiteur

111 Vis surmontées d'un gros bouton moleté, qui se trouvent sur l'embase d'un instrument et permettant de régler aisément la verticalité de l'axe principal de l'instrument placé sur cette embase.

en position quelconque. Son limbe supérieur d'un diamètre pouvant varier entre 32 et 50 cm est gradué en degrés sexagésimaux ou en grades suivant l'époque ; de deux lunettes à réticule qui servent aux visées simultanées sur chaque point dont on prend la distance angulaire. Les deux lunettes sont placées de part et d'autre du cercle. Elles peuvent pivoter autour de son axe et sont verrouillables en position. La lunette supérieure se trouve dans l'axe même du cercle, la lunette inférieure est déportée et porteuse d'un niveau à bulle. C'est la position de la lunette supérieure qui permet la mesure des angles, car elle seule est située sur un cercle gradué.

Pour prendre les mesures sur de courtes distances, l'ingénieur et ses aides utilisent une chaine d'arpenteur[112]. D'une distance de 10 mètres, la chaine est composée de maillons de 20 cm réunis par des anneaux. Ceux qui marquent les mètres sont en cuivre, les autres sont en fer. Le milieu de la chaine est marqué par un anneau de plus grande dimension afin d'être bien visuel et de pouvoir le fixer au sol le cas échéant grâce à un petit jalon attenant. La chaine est terminée aux deux extrémités par une poignée comprise dans la longueur de dix mètres. La chaine proprement dite est accompagnée d'un jeu de dix fiches en fer permettant de la planter au sol et d'une fiche à plomb pour la suspendre sous la planchette et ainsi déterminer le point de station. Lors de la

---

112 *Ecole de levers*, éditions A. Quantin, Paris 1883, p25

mesure l'arpenteur tient une extrémité de la chaine contre le point de station tandis que le chaineur déploie la chaine jusqu'au jalon tenu par un aide au point à mesurer. L'aide plante au fur et à mesure les fiches dans le sol en vérifiant bien que la chaine est tendue. Il ne reste plus qu'à compter les maillons jusqu'au point à mesurer, noter le résultat dans le carnet et passer ensuite à l'inscription sur le plan à réaliser. En terrain horizontal la prise de mesure est simple mais en terrain en pente elle devient un peu plus complexe et nécessite une technique plus élaborée. Toutefois ces mesures en terrain pentu sont sujettes à plus d'erreurs à cause de la courbure inévitable de la chaine.

Pour cadastrer le terrain, et réaliser un canevas de plan avec des prises d'angles, les ingénieurs utilisent une équerre d'arpenteur[113]. Celle-ci sert à tracer des directions faisant entre elles des angles droits (100G ou 90°) ou des angles aigus (50G, 45°). L'équerre d'arpenteur est un cylindre ou un prisme à huit pans en laiton percé de fentes qui déterminent deux à deux des plans de visée perpendiculaires entre eux. L'instrument est monté sur une douille pouvant s'emmancher sur un bâton ferré, pouvant être fiché en terre au point de station. Les plans de visée sont généralement déterminés par une fente étroite et de l'autre côté par un crin tendu dans une fenêtre. Pour faire la visée, l'opérateur place

---

113 Idem p 40

son œil à quelques centimètres de la fente et aligne le crin dans le plan qu'il souhaite viser. Puis une fois le plan déterminé, il fait placer par un aide, un jalon afin de déterminer la ligne à tracer. L'équerre peut également servir pour la détermination de la distance de points inaccessibles grâce à la méthode des angles opposés.

Dans le même domaine, les ingénieurs utilisent un instrument plus précis, permettant de déterminer des angles : le graphomètre[114]. Si l'équerre ne permet de déterminer que des angles à 45 ou 90°, le graphomètre permet la détermination d'angles de manière plus précise. Celui-ci est composé d'un demi-cercle gradué, mobile autour d'un axe perpendiculaire à son plan. Aux extrémités du diamètre sont fixées deux pinnules, déterminant, au moyen de fentes analogues à celles de l'équerre d'arpenteur ou de l'alidade, un premier plan de visée, passant par le centre de l'instrument et perpendiculaire à son plan. Une alidade tourne autour du centre, délimitant un deuxième plan de visée. Le graphomètre comporte une douille permettant de le fixer sur un bâton ferré, comme l'équerre d'arpenteur, mais la douille du graphomètre est mobile et orientable dans toutes les positions ce qui permet de donner à l'instrument toutes les inclinaisons possibles.

---

114 Idem p 51

Afin de délimiter l'espace à mesurer, les arpenteurs se servent de jalons[115]. Ce sont des bâtons de deux mètres de long, bien droits, généralement peints en blanc et rouges ils permettent à l'ingénieur géographe d'aligner les droites à déterminer sur le terrain. La pointe du jalon est généralement munie d'un sabot à pointe de fer, ce qui facilite l'enfoncement dans le sol. Ces jalons sont souvent complétés par des mires qui permettent une visée plus précise d'un point.

Pour réaliser le croquis du plan, les ingénieurs géographes utilisent une planchette[116]. Cette tablette en bois sur laquelle on place la feuille du lever, placée sur un trépied en bois réglable, permet de tracer immédiatement les projections de directions du terrain et par la suite de construire les angles réduits à l'horizon de ces directions. La planchette est placée au point de station. Un fil à plomb est accroché sous la planchette et sert à déterminer exactement l'aplomb du point à mesurer. La planchette est assurée en plantant le trépied dans le sol, puis l'arpenteur détermine qu'elle est bien horizontale grâce à un niveau à bulle d'air ou à un niveau en bois perpendiculaire à un fil à plomb. Puis la planchette est orientée soit au déclinatoire fixé dessus soit à la boussole et une droite est tracée pour en matérialiser la direction sur la feuille de papier. Une fois mise en station, la planchette va

---

115 *Ecole de levers*, éditions A. Quantin, Paris 1883, p20
116 Idem p 79

servir pour le lever suivant la méthode de cheminement.

Afin de prendre les mesures, les ingénieurs utilisent également des règles en bois qui depuis l'adoption du système métrique sont étalonnées en mètres[117]. Mètre et double mètre sont des règles en bois méplates divisées en décimètres et en centimètres tandis que les quadruple et quintuple mètre sont des règles de section octogonales pour éviter les fléchissements. Ces instruments sont garnis aux extrémités de talons de fer. En terrain horizontal on dispose les règles bout à bout le long d'un cordeau tendu au sol suivant la ligne à mesurer. Pour la mesure d'un plan incliné on procède règle par règle en appuyant la première règle contre un jalon tenu verticalement et vérifié grâce à un fil à plomb. La règle est alors mise de niveau, puis la mesure est prise et notée dans le carnet. On maintient en place le jalon et on positionne la deuxième règle que l'on place de niveau contre un deuxième jalon et ainsi de suite sur toute la longueur à mesurer. L'utilisation de jalons, niveaux à bulle ou de maçon et de fil à plomb nécessite d'effectuer une vérification de mesure.

En altimétrie, les instruments sont les mêmes mais utilisés pour les prises de mesures en élévation. Alidades nivélatrices, jalons et règles servent aux prises de mesures de niveau.

---

117 Idem p 22

Mais pour ce travail spécifique, les ingénieurs utilisent également d'autres instruments comme déjà évoqué. Ceux-ci peuvent être empruntés au monde de la construction.

En premier lieu, le niveau de maçon[118]. Ce niveau se comporte de deux règles en bois qui se rejoignent pour former un triangle isocèle généralement rectangle au point de jonction des deux règles. Celles-ci sont réunies par une traverse elle aussi en bois graduée. Un fil à plomb est suspendu au sommet et l'étalonnage de l'instrument permet de tracer sur la traverse une ligne de foi que le fil doit recouvrir lorsque le niveau est d'aplomb. Le niveau de maçon est utilisé pour mesurer la différence de niveau de deux points situés à faible distance. Pour cela on prend une règle bien droite et l'on place une des extrémités au point le plus haut tandis qu'on élève l'autre progressivement le long d'un jalon gradué positionné sur le deuxième point à mesurer. L'élévation se fait jusqu'à ce que le niveau positionné sur la règle indique que celle-ci est bien horizontale. La hauteur lue sur le mètre entre le point à mesurer et le dessous de la règle donne la différence de niveau de terrain recherchée. Le niveau à bulle d'air viendra par la suite perfectionner l'instrument.

Ces mesures altimétriques sont réalisées à l'aide de mires graduées. Ces instruments servent à

---

118 *Ecole de levers*, éditions A. Quantin, Paris 1883, p112

délimiter un plan de visée horizontal. Elles sont de deux types, les mires à coulisses et les stadias.

La mire à coulisses[119] se compose de deux règles dont une est mobile et coulisse sur l'autre. Un voyant carré est monté à l'extrémité de la partie coulissante. Ce voyant est peint en damier rouge et blanc de sorte à former une mire, la ligne horizontale s'appelant ligne de foi. Le niveau étant en station, l'aide dresse la mire bien verticale sur le point à viser et élève ou abaisse le voyant suivant les indications de l'opérateur jusqu'à ce que la ligne de foi se trouve dans le plan de visée. Le porte mire prévenu par un geste fixe alors le voyant au moyen de la vis de pression à la hauteur désignée et lit la mesure portée sur la règle grâce au curseur de lecture.

La stadia[120] est une règle de 3 mètres de longueur, divisée en doubles décimètres et portant en plus des subdivisions en centimètres dans la partie moyenne. L'une des divisions à 1m40 du pied est volontairement plus courte afin que les mesures donnent directement les distances de la stadia au centre de l'instrument. C'est la division corrigée. Les divisions sont numérotées de dix en dix à partir du pied, elles sont peintes en rouge de deux en deux et se détachent sur fond blanc afin de faciliter les lectures. La stadia est également munie d'un niveau et d'une poignée. Pour mesurer une

---

119 Idem p 116
120 Idem p 36

distance, l'aide place l'instrument sur le point à mesurer tandis que l'opérateur place une lunette au point de station. La face divisée de la stadia vers la lunette, plantée dans le sol, l'aide tient la stadia de niveau. La lecture des données se fait à l'aide d'une lunette à réticule[121].

Lorsqu'on ne peut avoir recours aux instruments traditionnels permettant de se poser sur un point de station ou que la mesure doit être faite dans l'urgence, on a alors recours à des instruments sans trépied que l'on suspend à des cordeaux en chanvre, en soie (plus souple et se courbe moins sous le poids des instruments) ou en laiton, appelés "clisimètre" ou éclimètre. L'éclimètre est un demi-cercle évidé et gradué en laiton que l'on suspend à un cordeau à l'aide de deux agrafes disposées en sens inverse et situées aux deux extrémités de son diamètre, et au centre duquel est attaché un fil à plomb aussi fin que possible. La légèreté de l'instrument assurée par son évidement permet que la modification de l'inclinaison du cordeau sous son poids soit aussi faible que possible. La graduation dont le zéro est au milieu du limbe (c'est-à-dire du bord extérieur et gradué du cercle) à l'extrémité du rayon perpendiculaire à son diamètre croît de 0 à 90° ou de 0 à 100 grades dans chaque sens. La ligne de foi passe par les deux extrémités de la division et est parallèle à la ligne de suspension et au

---

121 Inventée par Cornelio Malvasia en 1662, elle est utilisée pour la première fois dans un travail géodésique par l'abbé Picard en 1668.

diamètre du limbe : ainsi, lorsque l'éclimètre est suspendu à un cordeau horizontal, le fil à plomb passe devant la division zéro. On notera que l'instrument donne la valeur de l'angle formé par la ligne de suspension avec l'horizontale et non directement la pente du cordeau, c'est-à-dire la tangente de cet angle. L'éclimètre suspendu est d'ordinaire accompagné d'une boussole suspendue et les deux instruments sont transportés ensemble dans une trousse appelée « pochette de mineur » que l'opérateur porte à la ceinture. Outre ces instruments, cette trousse comporte des épinglettes en laiton que l'on fixe sur le cordeau quand il est très incliné, pour empêcher les instruments de glisser, des clous en bronze destinés à fixer le cordeau et un marteau également en bronze. Pour mesurer l'inclinaison d'un cordeau à l'aide de l'éclimètre, il suffit de le suspendre au cordeau au moyen de ses agrafes et de lire sur le limbe la cote de la division recouverte par le fil à plomb. Cependant, en raison de la forme curviligne appelée chaînette que prend le cordeau, même parfaitement tendu, sous l'action de la pesanteur entre ses deux points d'attache1, l'éclimètre ne peut être suspendu n'importe où sur le cordeau. L'inclinaison de celui-ci doit être mesurée en son milieu ou calculée comme la moyenne des inclinaisons mesurées à ses extrémités (tenir compte éventuellement de leurs signes) à la même distance des points d'attache[122].

On le voit, les instruments utilisés par les ingénieurs géographes peuvent être volumineux et nécessitent un certain nombre d'aides pour les manier. Tout au long des campagnes de l'Empire, les ingénieurs géographes se heurteront au manque d'aide pour effectuer leurs travaux (les officiers de l'armée rechignant comme on l'a vu à se séparer de soldats pour les détacher auprès de ces « scientifiques », ainsi qu'aux difficultés d'acheminement du matériel dans des zones souvent couvertes par les patrouilles ennemies.

---

122 *Éclimètre suspendu*, Bibliothèque patrimoniale numérique de l'École nationale supérieure des mines de Paris (Mines ParisTech)

Alidade à lunette, fin XVIIIème siècle, collection
personnelle de l'auteur

Alidade à pinnules, fin XVIIIème siècle, collection
personnelle de l'auteur

Graphomètre, XIXème siècle, collection personnelle de
l'auteur

Chapitre 3 : « Qu'on m'appelle d'Albe »

On ne peut évoquer le corps des ingénieurs géographes sans évoquer celui qui est sans doute le plus connu et le plus proche de l'Empereur : le général Bacler d'Albe. Evoquer Bacler d'Albe c'est entrer dans l'intimité de Napoléon.

En campagne, il est le général qui dort dans la tente la plus proche de celle de l'Empereur, en uniforme, avec ses décorations, prêt à bondir dans le cabinet de travail qui jouxte l'alcôve où se trouve le petit lit de fer, dans lequel le « maître » ne passe que quelques heures. A Malmaison, Fontainebleau, aux Tuileries ou dans n'importe quel palais d'Europe, dans lequel Napoléon installe ses quartiers, Bacler d'Albe occupe une pièce proche du cabinet des cartes. Si l'Empereur a besoin de travailler sur une carte, aussitôt l'ordre fuse : « qu'on aille me chercher d'Albe ! Et d'Albe arrive, portant cartes et plans, lunettes et loupes, prêt à travailler avec son auguste souverain ! Faisons connaissance avec cet homme qui va être un proche de Napoléon pendant plus de vingt ans !

Le 21 octobre 1761, à St Pol en Artois[123], nait Louis Albert Guislain au n° 13, ou au 15 de

---

[123] Aujourd'hui Saint Pol sur Ternoise dans le Pas de Calais

la rue qui porte aujourd'hui son nom. Il est le fils de Philippe Bacler, directeur de la poste aux lettres et de Cécile Aimée Delattre. La famille voyage au grès des affectations de son père, Strasbourg puis Grenoble et enfin Amiens où il arrive à l'âge de 11 ans et devient l'élève de Jacques Delille[124] et de Nicolas Sélis[125]. Réalisant d'excellentes études, il montre de belles aptitudes en dessin et en sciences naturelles. A l'âge de 15 ans, il remplace son père, malade, en qualité de premier commis des postes. A vingt ans, il quitte son poste et entreprend un voyage en Suisse puis en Italie. Frappé par la beauté des montagnes, il se fixe à Sallanches entre 1786 et 1793. Là, il dessine et peint de nombreuses vues du Mont-Blanc qui rencontrent un certain succès. Pour John Grand-Carteret[126] : « *entre 1780 et 1800, le peintre qui se vend le plus, c'est Bacler d'Albe* ». Il adhère avec enthousiasme aux idées de la Révolution et s'enrôle le 1er mai 1793 au 2e bataillon des chasseurs de l'Ariège qui devient la 56e demi-brigade d'infanterie de ligne. Il est à Toulon en octobre 1793, c'est là qu'il rencontre

---

124 Delille Jacques (1738-1813) auteur de traductions des Georgiques de Virgile et du Paradis Perdu de Milton

125 Sélis Nicolas (1737-1802), professeur au Collège de France et membre de l'Institut.

126 John Grand-Carteret, (1850-1927), est un journaliste français, historien de l'art et de la mode, considéré comme pionnier dans le domaine de l'iconologie, son ouvrage L'Histoire, la vie, les mœurs et la curiosité par l'Image demeurant une référence.

Bonaparte ! Placé par celui-ci sous les ordres du général Laharpe, il assure le commandement de l'artillerie du camp dit des « invincibles ». Il combat courageusement et reçoit 3 blessures : *« une au col, une à la main droite et la dernière à la main gauche*[127] ». Bonaparte l'a remarqué et il va s'attacher les services de cet homme valeureux. Le 2 avril 1794, il devient adjoint aux adjudants major du parc d'artillerie de campagne de l'armée d'Italie. Il sert à Nice et retrouve le général Bonaparte en 1796. Il effectue une série de reconnaissances militaires qu'il exécute brillamment, notant les défilés, les emplacements et les machines de guerre, avec une telle méticulosité que le général Bonaparte décide de se l'adjoindre. Celui-ci lui confie (ainsi qu'à Muiron[128]) la charge de lever toute la côte depuis Nice jusqu'à Savone et de déterminer l'emplacement des nouvelles batteries d'artillerie côtière. Après le traité de Campoformio, Bacler d'Albe s'attelle, sur ordre de Bonaparte, à la réalisation de la carte d'Italie. C'est un énorme travail, fort utile sur le plan militaire mais dont le cout est très élevé. Le Directoire refusant la dépense, Bacler d'Albe décide alors d'en avancer les frais. Il décide de prendre la gravure à son compte par souscription et réalise un ouvrage qui

---

127 TROUDE (Marc) : *le Baron Bacler d'Albe*, Pierre Dubois imp, St Pol sur Ternoise, 1954, p 15.
128 Jean-Baptiste Muiron, (né en 1774 et mort le 15 novembre 1796 à Arcole), est un militaire français, et l'un des aides de camp du général Bonaparte.

devait comporter trente feuilles sous le titre de :
« Carte générale de la campagne de Bonaparte en
Italie ». La souscription est ouverte au prix de
140 francs l'exemplaire et recueille un franc
succès. « *En attendant la rentrée des fonds, le
général Bonaparte fit les avances
nécessaires* [129]». Vingt planches sont déjà
terminées lorsque le retour des Autrichiens le
force à quitter sa résidence de Milan en août
1799. Lors de la retraite, le convoi contenant les
plaques de cuivre servant de matrices aux cartes
est pillé par les insurgés et remis aux Autrichiens.
Bacler d'Albe perd en outre ses papiers, tout son
outillage. Revenu à Sallanches, Bacler d'Albe se
remet au travail à partir des croquis qu'il avait pu
sauver. Par un geste chevaleresque les
Autrichiens décidèrent de restituer à leur
propriétaire les plaques de cuivres saisies à
Milan. Mais ils manquèrent d'élégance en
exigeant le remboursement des cuivres.

En 1803, au moment où parait l'ouvrage, Bacler
d'Albe se retrouve en fortes difficultés
financières. Les dépenses de dessins, gravures et
impressions s'élèvent à 279 000 francs. La
recette totale provenant des fonds avancés par le
1er Consul et de la vente des 1510 exemplaires
forment un total de 235 400 francs. Il y a donc à
ce moment-là un déficit de 43600 francs. Il fait
appel au général Sanson pour lui demander

---

129 BERTHAUT (Henri Marie Auguste) : *les ingénieurs
géographes militaires, 1624-1831*, tome 1, p187, 1902,
éditions Hachette

d'acquérir au nom du Dépôt de la guerre 12 exemplaires à 300 francs chacun, puis au 1er Consul qui débloque les fonds nécessaires, ordonnant d'acquérir 160 exemplaires au prix de 48 000 francs !

On peut s'étonner, en regardant les dates, que Bacler d'Albe ne fasse pas partie de l'expédition d'Egypte qui débute le 19 mai 1798 avec l'embarquement de l'armée à Toulon. La raison d'après l'étude de Marc Troude, doit se trouver dans l'attachement de son épouse à sa personne. La campagne ayant été entourée de secret pour ne pas éveiller les soupçons des espions anglais sur la destination de l'armée, les ordres de marche des officiers sont donc transmis par plis confidentiels portés par des estafettes du quartier général. Lorsque la lettre de service parvient au domicile de Bacler d'Albe, celui-ci ne n'y trouvant pas, c'est son épouse qui la reçoit. Pour Marc Troude : *« elle prit connaissance de son contenu et s'abstint d'en avertir son mari. Le départ pour l'Egypte eut lieu sans lui »*[130]. Difficile de savoir si l'anecdote est exacte ni si notre illustre géographe eut connaissance des raisons de son éviction de la campagne d'Egypte. On peut seulement regretter son absence en imaginant les œuvres qu'il aurait pu produire et ramener de la terre des pharaons !

---

130 TROUDE (Marc) : *le Baron Bacler d'Albe*, Pierre Dubois imp, St Pol sur Ternoise, 1954, p 19.

En 1801, il est nommé chef d'escadron ingénieur géographe, attaché à la personne du 1er Consul. Le 23 septembre 1804, Napoléon le nomme chef de son cabinet topographique personnel. C'est là que débute la plus étroite collaboration entre le grand homme de guerre et l'un de ses subordonnés. Aucun autre officier n'aura une plus grande proximité avec le souverain que Bacler d'Albe. Celui-ci se retrouve à la tête d'un véritable bureau topographique parallèle, en marge du bureau de la guerre, ce qui va bien sur lui attirer quelques inimitiés. La collaboration entre les deux hommes va durer jusqu'en 1814, date à laquelle Bacler d'Albe est nommé à la tête du Dépôt de la guerre. Ses connaissances, son œil artistique aiguisé et sa capacité de travail le rendent vite indispensable à Napoléon. En 1813, le marquis de Castellane note que « *Napoléon s'exprimait en peu de mots, d'Albe le comprenait et exécutait à sa manière et avec indépendance*[131] », chose rare à l'état-major de Napoléon. Odeleben, officier saxon attaché à l'état-major de Napoléon pendant la campagne de Saxe ajoute : « *Napoléon le faisait appeler plus souvent et plus inopinément qu'aucun de ses aides de camps ; d'Albe ne pouvait disposer d'aucun de ses instants ; jour et nuit il était occupé de service. Il était toujours le dernier dont Napoléon se servait au départ, le premier appelé au travail à l'arrivée.* « *Qu'on m'appelle*

---

131 Idem p 37

167

d'Albe ! » étaient les premiers mots de Napoléon, lorsqu'au cours des opérations, une dépêche intéressante arrivait au milieu de la nuit. Il était chargé spécialement de la rectification des cartes, de la combinaison et de la préparation des matériaux, de la fixation des marches et de toutes les lignes d'opération très étendues »[132]. On imagine aisément Bacler d'Albe arrachant quelques heures au sommeil, sanglé dans son uniforme, au plus près de cet Empereur qui « ne dort que d'un œil » !

En campagne, il est celui qui vit au plus près de Napoléon. La tente de l'Empereur est divisée en trois pièces. Dès l'entrée on se retrouve dans une salle de travail où sont disposé le bureau de Napoléon, les boites à compartiments où se trouve la bibliothèque de voyage et sur une table, ou des planches sur des tréteaux, quand les tables manquent : la carte la plus précise du théâtre des opérations, annotée et orientée par d'Albe. Aux quatre coins de la pièce, des tables pour les secrétaires, des chandelles éclairent l'ensemble faisant régner une atmosphère spéciale dans ce lieu où tout se décide. Au fond, la tente est divisée en deux chambres, l'une pour l'Empereur, elle contient le petit lit de fer dans lequel il prend peu de repos, l'autre sert de magasin pour le matériel et le mobilier. C'est là que Bacler d'Albe se tient dans les rares

---

132 TROUDE (Marc) : *le Baron Bacler d'Albe*, Pierre Dubois imp, St Pol sur Ternoise, 1954, p 38.

moments de repos qui lui sont accordés. Au plus près du maître, à une portée de son souffle.

Les cartes sont la pièce maitresse des stratégies de Napoléon. Bacler d'Albe les prépare minutieusement d'après les rapports réalisés par le grand état-major général du maréchal Berthier. Les unités ennemies et les unités françaises sont représentées par de petites épingles de couleur que d'Albe pique une à une pour permettre à l'Empereur d'avoir une vue d'ensemble des forces en présence[133]. Les cartes de l'Empereur doivent être tirées sur du papier de Hollande, suffisamment épais, le papier de soie ou le papier pelure, pourtant plus légers, n'ayant pas été retenus car on ne pouvait y planter les épingles ! Le papier huilé ou vernissé avait également été écarté à cause de la forte odeur qui incommodait l'Empereur. « *A l'arrivée d'une dépêche*, rapporte le baron Fain[134], un autre secrétaire de l'Empereur, *d'Albe faisait un rapport sommaire ; l'Empereur suivait du doigt sur la carte et faisait marcher à travers les épingles, le compas, dont l'ouverture correspondait à la distance d'une*

---

133 L'un des exemplaires de cette « boite à fiche » comportant les épingles colorées représentant l'armée autrichienne de 1809 est aujourd'hui conservé au musée de l'armée à Paris. Le Musée de l'Empéri à Salon de Provence, expose des cartes avec épingles du Prince Eugène.

134 Fain Agathon Jean-François (1778-1837), baron, secrétaire archiviste, puis en 1809 secrétaire personnel de Napoléon, quitte son poste après les adieux de Fontainebleau et le reprend le 20 mars 1815 !

étape. Souvent, la grande dimension des cartes forçait l'Empereur à s'étendre de tout son long sur la table, et d'Albe d'y monter aussitôt pour rester maitre de son terrain ; je les ai vus plus d'une fois, tous deux sur cette grande table et s'interrompant par une brusque exclamation, au plus fort de leur travail, quand la tête de l'un venait heurter trop rudement la tête de l'autre. On dit que l'Empereur souriait, prétendant que d'Albe avait la tête moins dure que la sienne[135] ».

Dès lors Bacler d'Albe va être de toutes les campagnes au côté du souverain, celui-ci l'enverra aussi en missions spéciales. Il arpente la plaine d'Iena en 1806 puis supporte la tempête de neige d'Eylau. Le 21 juin 1807, il est nommé colonel, puis après Tilsitt, il est promu adjudant général. La campagne de 1809 le voit à Wagram puis en Espagne. Chevalier de l'Empire en 1808, il est élevé au titre de Baron par lettres patentes des 9 décembres 1809 et du 2 février 1810. Le 24 juin 1812, il franchit le Niémen avec Napoléon pour la grande aventure russe. Il est témoin de l'entrée dans Moscou et de l'installation des Français. Dans une lettre interceptée par les Russes, il évoque la ville en ruine, le froid et envisage les mesures à prendre pour s'y maintenir. Au moment de la retraite il préconise de prendre la route vers le sud qui sera bloquée par les Russes au combat de Maloïaroslavets le

---

135 TROUDE (Marc) : *le Baron Bacler d'Albe*, Pierre Dubois imp, St Pol sur Ternoise, 1954, p 39

170

24 octobre 1812. Lors de la campagne de Saxe, il est élevé au rang de maréchal de camp (général de brigade) le 24 octobre 1813. Les rigueurs de la retraite de Russie et de la vie en campagne au service de Napoléon ont quelque peu altéré sa santé. Il quitte l'armée et l'Empereur le nomme à la tête du Dépôt de la guerre à Paris le 2 mars 1814. Placé sous les ordres du Baron de la Rochefoucauld le 13 mars 1815 lors du retour de Louis XVIII, il cesse ses fonctions de directeur du Dépôt de la guerre. Rétablis à son poste par Napoléon lors de son retour le 20 mars 1815, il organise le sauvetage des plaques de cuivres et la grande carte de France de Cassini, lors de l'entrée des alliés à Paris en juillet 1815. A la chute de l'Empire, il perd une bonne partie de ses biens. Sa demeure, comme tant d'autres, est pillée et incendiée par les armées alliées. Le nouveau régime le met en non-activité le 10 juillet 1815. Pour faire vivre sa famille et rembourser les 60 000 francs de dettes que lui avait apportée la campagne de Russie, il se remet au travail, reprend ses pinceaux et réalise de nouvelles œuvres.

Il s'éteint au terme d'une vie bien remplie le 12 septembre 1824 à 10 heures du soir chez lui, rue de Vaugirard à Sèvres. Le général Bacler d'Albe était officier de la Légion d'Honneur, chevalier de l'Ordre de Saint Louis, chevalier de la

Couronne de Fer et chevalier de l'Ordre de Saint André de Saxe[136].

Le travail de Bacler d'Albe auprès de Napoléon est énorme. Chargé du cabinet topographique personnel de Napoléon, il doit, en toutes circonstances suivre les ordres et prévenir les souhaits de son souverain. La rivalité qui oppose le Dépôt de la guerre, dirigé par le général Sanson et le cabinet topographique personnel de l'Empereur entraine de nombreux conflits personnels. Le travail est si considérable que Bacler d'Albe réclame toujours plus d'aide : « *Nous sommes tellement chargé de besogne de la plus grande urgence que les deux ingénieurs du Cabinet sont sur les dents. J'ai même dans ce moment, et déjà depuis longtemps, trois ou quatre ingénieurs-géographes de supplément, qui trouvent à peine le temps de leur repas... La carte est tellement volumineuse que bientôt je ne saurais comment faire la collection topographique, si j'avais plus que le nécessaire*[137] ». Le 30 juin 1809 il écrit de Schönbrunn : « *Guilleminot et moi trouvons à peine assez de mains pour exécuter plus de 150 pieds carrés de calque, dessins, reconnaissances etc... qui doivent se trouver prêt à être distribués*

---

136 TROUDE (Marc) : *le Baron Bacler d'Albe*, Pierre Dubois imp, St Pol sur Ternoise, 1954, p 30
137 Idem p 47

le grand jour[138] ». En temps de paix, Bacler d'Albe doit coordonner les travaux des ingénieurs sur les territoires rattachés à l'Empire. Le 9 aout 1809, Napoléon donne à son géographe des pouvoirs étendus sur tout le personnel topographique : « *Le corps des ingénieurs géographes ne recevra d'ordres que de l'adjudant-commandant Bacler d'Albe. Les ingénieurs correspondront avec lui et lui remettront leurs travaux. Ils recevront mes ordres par son canal* » [139]. L'Empereur donne ainsi une autonomie certaine à d'Albe, l'affranchissant de fait de la tutelle du major général, le maréchal Berthier mais aussi de celle du bureau de la guerre commandé par Sanson. Ainsi d'Albe se démène, se multiplie, il veille à tout pour que les cartes de son souverain soient les plus fidèles possibles. Il vérifie la figuration des montagnes, corrige l'orthographe des noms de lieux, refait le tracé des chemins…. Son esprit d'initiative le pousse également à soumettre à l'Empereur certains projets qui sortent quelque peu des attributions d'un simple ingénieur géographe. En 1811, il est chargé d'étudier la possibilité de réaliser une route reliant Toulouse à Saragosse. Il en profite pour élaborer un projet de canaux qui doubleraient la route et permettraient des échanges fluviaux entre la France et

---

138 Idem
139 Correspondance militaire de Napoléon, tome VI

l'Espagne, avec des embranchements à Perpignan, Toulouse et Bayonne.

A ses rares moments perdus, il peint. Le nombre de ses travaux s'élève à plus de 500. Aquarelles, gouaches, gravures et lithographies, représentant des paysages, des batailles (*La bataille de Rivoli, la bataille d'Arcole*), des scènes de la vie courante dont il est témoin (*Le bivouac de l'armée française la veille de la bataille d'Austerlitz*), mais également des sujets dans l'air du temps, comme des évocations de la mythologie grecque : « *Paris expirant sur le mont Ida, Œdipe errant dans la Grèce, Paris chez Oenone…* ».

Mais très souvent, la guerre recommençant, le service de l'Empereur le reprend et Bacler d'Albe, infatigable, reprend son travail. Sa plus grande préoccupation reste l'acheminement des cartes. Il n'y en a jamais assez pour le service en campagne. Surtout que celui-ci est gourmand. Le 24 novembre 1813 il écrit au colonel Muriel : « *Ce diable de service en campagne est le destructeur des cartes ; il en faut dans le sac de l'aide de camp, il en faut sur la poitrine de l'écuyer de service, qu'on ploie, qu'on déploie, qu'on déchire, qu'on met à la pluie, au vent, au feu, à la chandelle, etc. Il y a des moments où j'ai de quoi exercer ma bile géographique !*[140] ». Il

---

140 Archives historiques du dépôt de la Guerre. Correspondance topographique, A.4

prévoie les cartes en fonction des objectifs stratégiques de l'Empereur. En 1811, la situation politique laisse prévoir une nouvelle campagne contre la Russie. Le Tsar Alexandre a dénoncé le traité de Tilsitt et a ouvert ses ports aux marchandises anglaises. Le blocus continental a vécu. Bacler d'Albe ordonne d'exécuter une carte ne comprenant que les rivières et canaux avec toutes les localités et les écluses, prescrivant même d'inscrire un chiffre de renvoi à une note sur la navigabilité. Au cours de la retraite de Russie, tout le matériel topographique est perdu. Les ingénieurs géographes tués ou, comme le général Sanson, prisonniers. Bacler d'Albe est l'un des rares à rentrer de cette tragique retraite. Il reçoit alors la difficile mission de reconstituer le service. Or, tout a disparu ! Les cartes sont perdues, ce sont souvent les originaux car l'Empereur ne voulait pas les copies, tous les rapports, toutes les reconnaissances faites en Prusse en 1806-1807, toutes les cartes d'Allemagnes contenues dans deux fourgons du grand quartier général sont restées en arrière, sans doute, pris par les Russes. La situation est terrible au moment où l'Empereur tente de reconstituer ses forces, car il s'attend à se battre en Pologne, en Prusse et en Saxe. D'Albe ne rapporte de Moscou qu'une liasse de cartes russes, de traductions sur papier huilé, qui ont servi à Napoléon pendant la retraite et qu'il considère comme des reliques. Mais il se trouve très vite confronté à la désorganisation et au manque de ressources. Le 23 mai 1813, deux jours après la bataille de Bautzen il écrit : « *Je suis réellement dans l'embarras : pas de fourgons ! Pas de cartes !* » [141]. Pourtant le bureau de la guerre se démène et envoie tout ce qu'il peut ! Bâcler d'Albe reçoit des cartes d'Allemagne, la grande carte du maréchal Soult, puis, au fur et à mesure de la retraite après la bataille de Leipzig, ce sont les cartes du nord de la France dont il fait la demande. Il faut contenter l'Empereur et celui-ci est exigeant : « *J'ai besoin de tout, et de plus même, s'il y en a* » écrit-il à son cartographe. Napoléon est mécontent et le fait savoir, on tremble au ministère de la guerre, le bureau topographique redouble d'efforts. Le colonel Muriel chargé de l'intérim à la tête du Dépôt de la guerre répond alors à Bacler d'Albe : « *Si vous avez mal par rapport aux résultats ci-dessus, nous l'avons par rapport aux suites de nos travaux, toujours précipités et toujours extraordinaires ; en ceci nous souffrons sans remède, et la source à laquelle nous puisons n'est pas abondante. Il s'agit d'user de matériaux manuscrits et de cartes gravées, à la vérité, mais qu'il faut se procurer au dehors ; et sans jouer sur les mots, on peut dire qu'on les use plutôt qu'on en use... Mais nous nous plaindrions, vous*

---

141 TROUDE (Marc) : *le Baron Bacler d'Albe*, Pierre Dubois imp, St Pol sur Ternoise, 1954, p 49

et moi, sur ce point toute une éternité, que nous n'y gagnerions rien »[142].

La dernière grande action au service de Napoléon, Bacler d'Albe l'accomplira dans le sauvetage des cartes et des fonds documentaires du Dépôt de la guerre, menacé par les alliés, une première fois en 1814, une deuxième fois en 1815. En tant que chef du dépôt de la guerre il va organiser l'évacuation des fonds documentaires pour les soustraire aux alliés qui marchent sur la capitale. Une fois, en mars 1814 il ordonne au colonel Muriel, à l'adjudant commandant Parizot et au chef de bataillon Maire de gagner Tours en emmenant avec eux tout le personnel militaire de l'établissement. Il s'agit de replier le service topographique derrière la Loire. Une partie du matériel, les livres, les rapports mais également les cartes, les archives historiques, tout ce qui avait pu être collecté pendant les années du Consulat et de l'Empire est rassemblé sous la surveillance de l'ingénieur géographe Hennequin pour y être convoyé vers Orléans pour descendre la Loire jusqu'à Tours. Tout le matériel ne peut être emmené, il faut faire un choix et laisser derrière les pièces qu'on ne peut prendre en charge.

C'est à Blois qu'il apprend le retour des Bourbons sur le trône, le 9 avril 1814. Le lendemain il adresse une lettre au Duc de Feltre,

---

142 TROUDE (Marc) : *le Baron Bacler d'Albe*, Pierre Dubois imp, St Pol sur Ternoise, 1954, p 50

ministre de la Guerre, le général Clarke (ancien ingénieur géographe) dans laquelle il offre les services du bureau topographique rassemblé sous ses ordres au roi Louis XVIII. Rétablit dans ses fonctions de directeur le 10 mai, il est remplacé par le baron de la Rochefoucauld le 13 mars 1815. Le retour de l'Empereur le réintègre dans ses fonctions. Il prépare les cartes pour la campagne de Belgique. Le manque de matériel le pousse à choisir la carte de Ferraris des provinces wallonnes dressée dans les années 1770 et actualisée par l'ingénieur Capitaine dans les années 1790. C'est cette carte que Napoléon va utiliser pendant toute la campagne mais sans d'Albe à ses coté pour l'interpréter. L'homme, qui avait su interpréter les idées de Napoléon, reste au Dépôt à Paris ; le Maréchal Berthier, si précieux pour clarifier la stratégie du maitre et l'expliquer aux subordonnés était décédé le 1 juin 1815 et le Maréchal Davout, le « Maréchal de fer » qui avait remporté tant de victoires était ministre des armées est lui aussi à Paris, n'est pas aux cotés de l'Empereur dans cette « morne plaine » de Waterloo. Nul doute que l'absence de celui qui avait su si bien lire les cartes pour Napoléon, pèsera lourd dans la conduite de la campagne qui sonnera la fin du grand rêve impérial.

Pour conclure

La fin de l'Empire ne sonne pas la fin des ingénieurs géographes. La Restauration va poursuivre l'œuvre commencée au XVIe siècle. Cartographier, donner de manière toujours plus précise, une représentation du territoire. Les techniques s'affinent et la carte des chasses du Roi, unie à la carte de l'Empereur, donnent naissance aux cartes d'Etat-major ! Le corps lui-même va connaitre des évolutions. La grande bataille de préséance entre le génie et le Dépôt de la guerre va reprendre. Tantôt autonomes, tantôt rattachés au génie, nos ingénieurs vont traverser le XIXe siècle puis donner naissance au service géographique de l'armée. La période industrielle entraine de profondes transformations des techniques et du matériel. La machine vient épauler l'homme mais l'œil de l'ingénieur reste précis et aiguisé. Bientôt l'avion viendra donner une nouvelle dimension et les théodolites remplaceront les alidades, puis viendront les satellites et les données GPS, mais la couleur distinctive des ingénieurs géographes demeure l'orange.

J'ai voulu apporter ma modeste contribution à la connaissance de ce corps si peu représenté dans les évocations de l'histoire napoléonienne, en démocratiser la connaissance. Ils ne sont pas seuls, ces techniciens, à œuvrer pour l'élaboration d'une connaissance accrue du territoire. Comment ne pas penser aux ingénieurs hydrographes qui, associés à leurs frères géographes, vont travailler sans relâche des sierras espagnoles aux steppes russes et des plaines de Pologne aux sables d'Egypte. Il faut penser aussi aux ingénieurs de la marine, embarqués sur les navires du Roi puis de l'Empereur découvrant des terres lointaines, les cartographiant et préparant ainsi l'aventure coloniale de la France.

Grace aux lectures et aux études qui ont préludé à la rédaction de ce livre, j'ai découvert un monde fascinant éloigné de l'idée que je me faisais d'un ingénieur géographe au temps de Napoléon. Ce petit groupe d'homme qui va jouer un rôle prépondérant dans la stratégie militaire Napoléonienne mais également dans la constitution d'une France moderne et administrée. Plus que jamais je me remémore la phrase que m'avait dit, à mes débuts Jean-Louis Riccioli, alors conservateur du musée de l'Empéri à Salon de Provence : « avoir un bel uniforme c'est bien, savoir de quoi on parle c'est mieux » ! J'espère avoir contribué par ces lignes à la connaissance de cette partie de l'armée napoléonienne souvent connue uniquement de quelques spécialistes ! Ces hommes qui œuvraient souvent dans l'ombre des grands généraux voire dans celle du grand homme lui-même. A leur contact, au travers des publications souvent anciennes et des quelques publications récentes, personnellement, j'ai beaucoup appris !

Bibliographie/ Sitographie

• Adler Ken, Mesurer le monde, Flammarion, 2005

• Arboit Gérald, Napoléon et le renseignement, Note historique N°27, Centre Français de Recherche sur le Renseignement (Cf2R)

• Augoyat (colonel), Aperçu historique sur les fortifications, les ingénieurs et sur le corps du génie en France, Tanera ed., 1862

• Berthaut Henri Marie Auguste, les ingénieurs géographes militaires, 1624-1831, tomes1 et 2, 1902, ed Hachette BNF, 2020

• Bonaparte Napoléon, Correspondance militaire de Napoléon Ier, extraite de la correspondance générale et publiée par ordre du ministre de la Guerre, vol 6, Paris 1876, n°1179, ordres concernant le service et l'emploi des ingénieurs géographes du 9 aout 1809.

• Bret Patrice, le dépôt général de la guerre et la formation scientifique des ingénieurs géographes militaires en France (1789-1830), HAL, archives ouvertes en ligne, septembre 2004

• Bret Patrice, Le dépôt général de la guerre et la formation scientifique des ingénieurs géographes militaires en France (1789-1830), 1989, halshs-00002880

• Brun Jean-François, Revue du Souvenir Napoléonien, N°489, Octobre-Décembre 2011

• Collectif, Annales des voyages de la géographie et de l'histoire, Tome I, cahiers I à III, Malte-Brun, Paris, 1808

- Coppens Bernard, les mensonges de Waterloo, Jourdan, 2009
- Coppens Bernard, www.1789-1815.com, L'erreur de lecture de carte
- Cuccoli Lorenzo, Se dire militaire et ingénieur, Le parcours de professionnalisation des ingénieurs géographes (1691-1831), in La construction du militaire vol 3, Editions de la Sorbonne, Paris 2020
- Dépôt général de la guerre, Mémorial Topographique et militaire, N°1 Topographie, IIIeme trimestre de l'An X, Imprimerie de la République, Paris, Vendémiaire An XI, 1803
- Ecole des mines, "Alidade à pinnules de Meurand, n° 4-28D, Bibliothèque patrimoniale numérique de l'École nationale supérieure des mines de Paris (Mines ParisTech), consulté le 3 novembre 2022, https://patrimoine.minesparistech.fr/document/Alidade_pinnules_Meurand.
- Ecole régimentaire du Génie, Ecole de levers, ed A. Quantin, Paris, 1883
- Guedj Denis, le mètre du monde, seuil, 2003
- Hugo Victor, les Misérables, chapitre II Causette, 1862.
- Jomini Antoine, Tableau analytique des principales combinaisons de la guerre et de leurs rapports avec la politique des Etats, Saint Pétersbourg, Bellizard, 1836, p314.
- Lacoste Yves, La géographie, ça sert, d'abord, à faire la guerre, Ed. Maspero, Paris, 1976
- Lefort Jean, L'aventure cartographique, Belin Pour la science - 2004

- Lewal Jules, Etudes de guerre. Tactique des renseignements Vol1, Paris, Dumaine, 1881.
- Ministère de la défense nationale et de la guerre, Le service géographique de l'armée, ministère de la Défense nationale et de la guerre, 1938
- Pelletier Monique, Dislocation de l'Empire et restitution des cartes réunies pour sa constitution, Comité français de cartographie, 2018
- Pigeard Alain, L'Allemagne de Napoléon : La Confédération du Rhin, 1806-18013, Editions de la Bisquine, 2013
- Pigeard Alain, les ingénieurs géographes An XII-1815, revue Tradition Magazine, pp 31-34, février 2000
- Pitte Jean-Robert et all, L'incroyable Histoire de la Géographie, Les arènes BD, 2022

Reiss René, Clarke, Maréchal et Pair de France, Coprur, 1999
- Reiss René, Clarke Maréchal et Pair de France, Editions Coprur, 1999
- Rivière Jean Marc, Du portrait diplomatique comme extension des arts figuratifs : la France et l'Allemagne dans les écrits de légation machiavéliens, 2018
- Sanson Nicolas Antoine (Général), Archives historiques, SHAT, dépôt de la guerre : correspondances topographiques.
- Sanson Nicolas Antoine (Général), Archives historiques, Dépôt de la guerre : correspondance, C11, rapport du général Sanson au ministre de la Guerre, 30 avril 1806.

- Sudre Jacques, Aventures du colonel de Sallanches, ingénieur géographe au service de l'Empereur » Le matin d'Eylau, Babelio, 2015
- Sudre Jacques, Aventures du colonel de Sallanches, ingénieur géographe au service de l'Empereur » L'or de Malte, Babelio, 2018
- Sudre Jacques, Aventures du colonel de Sallanches, ingénieur géographe au service de l'Empereur » L'éléphant blanc, Babelio, 2021
- Thiebault Paul Charles François, Manuel général du service des états-majors généraux et divisionnaires dans les armées, Paris, Magimel, 1813.
- Troude Marc, le Baron Bâcler d'Albe, Pierre Dubois imp, St Pol sur Ternoise, 1954
- Tullard Jean, Le dépôt de la guerre et la préparation de la campagne de Russie, Revue Historique des Armées, n°97, septembre 196.
- Végèce, Epitoma institutorum rei militaris (« Traité de la chose militaire »), plus connu sous le titre abrégé de De re militari (« De la chose militaire »), IVeme siècle.

Édition : BoD · Books on Demand, 31 avenue Saint-Rémy, 57600 Forbach, bod@bod.fr
Impression : Libri Plureos GmbH, Friedensallee 273, 22763 Hamburg (Allemagne)
ISBN : 978-2-3225-3318-3
Dépôt légal : Janvier 2025